隐士的生活

〔澳大利亚〕巴里·斯通（Barry Stone）著
秦传安 译

I WANT TO BE ALONE

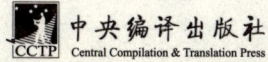

目录
CONTENTS

导 言 …………………………………………………… 1

第1章　开悟:印度和西藏的苦行者 ………………… 5
苦行僧 / 史瓦密·塔坡旺 / 史瓦密·桑德兰德 / 大雄 /
佛陀 / 密勒日巴尊者 / 乌金确吉

第2章　孤独中的拯救:基督教隐士和苦修士 ……… 24
底比斯的圣保罗 / 沙漠里的圣安东尼 / 大阿尔塞尼 /
埃及的玛丽 / 高柱修士 / 圣库斯伯特 / 芬夏尔的戈德
里克 / 米雷的圣史蒂芬 / 纳尔斯伯勒的罗伯特 / 奥格
尼斯的玛丽和伊普尔的玛格丽特 / 圣特雷登的克里斯
蒂娜 / 理查德·罗尔 / 弗鲁的圣尼古拉斯 / 阿拉斯加
的圣赫尔曼 / 萨罗夫的圣塞拉芬 / 托马斯·默顿 / 达
里奥·埃斯科瓦尔 / 阿布纳·阿卜杜勒·麦西哈 / 理
查德·威瑟斯

第3章　闭关:隐居修道者 ………………………… 72
　　哈塞尔伯里的伍尔弗里克／威尔顿的夏娃／马克亚特的克里斯蒂娜／休伊的伊薇特／洛蕾塔和安诺拉·德·布劳斯／科尼隆的朱莉安娜／诺里奇的朱利安／玛格丽特·柯克比／14世纪的女性隐居修道者／托马斯·帕金森／隐修生活的衰落

第4章　冥思苦想的生活:社群中的隐士 ………… 98
　　西方最早的修道院／斯凯利格·迈克尔岛／本笃会／嘉玛道理会／加尔都西会／克吕尼会／西多会／托钵修道会／大分裂／圣山／迈泰奥拉／基辅洞窟修道院／荒野隐士／作为修道士的隐士

第5章　弃绝社会:中国和日本的隐士诗人 ……… 128
　　中国的隐士／陶潜／谢灵运／清珙／寒山／日本的隐士／最澄／空海／西行／鸭长明／一遍上人／禅宗／松尾芭蕉／良宽

第6章　寻求庇护所:隐士艺术家和名人 ………… 161
　　艾米莉·狄金森／爱德华·蒙克／马塞尔·普鲁斯特／亨利·达戈／葛丽泰·嘉宝／J.D.塞林格／乔阿什·伍德罗／曼弗雷德·格纳丁格／鲍比·菲舍尔／斯莱·斯通

第7章　一个人自己的世界:富贵隐士 …………… 185
　　亨利·卡文迪许／巴伐利亚的路德维希二世／哈里特·库根:麦迪逊大道的隐士／五世波特兰公爵威廉·斯科特-本尼迪克特／小霍华德·罗巴德·休斯

第 8 章　选择孤独：世俗的隐士和遁世者 ·················· 206

　　费尔南·洛佩兹／亚历山大·塞尔柯克／威廉·威尔逊／罗伯特·沃里斯／查尔斯·兰伯特／马森·沃尔顿／诺亚·龙杜／罗伯特·哈里尔／瓦莱里奥·里塞蒂／汤姆·尼尔／威拉德·麦克唐纳／横井庄一／小野田宽郎／中村辉夫／西奥多·卡钦斯基／克里斯托弗·迈克坎德雷斯／史蒂芬·格伦顿

参考书目 ·· 253

导　言

> 独处很美好，但你需要有人来告诉你：独处很美好。
> 　　——让—路易·盖兹·德·巴尔扎克："隐居生活的乐趣"，引自《论基督教和道德》(*Dissertations chrétiennes et morales*, 1665)

> 他人即地狱。
> 　　——让-保罗·萨特：《无处可逃》(*No Exit*, 1944)

这个红尘俗世总有它的隐士。有僧有俗，有男有女，有贫有富，有特立独行之人，也有愤世嫉俗之辈，隐士和那些选择过独居生活的人存在于各个时代和各种文化中。他们把自己的家安置在俄罗斯的冰雪草原上和中东的浩瀚沙漠里，安置在阿拉斯加湾的无名小岛上和日本本州的山林寺院中。在人类历史长河中的某个时间点上，我们这个星球上几乎总有某个角落，为冥思和隐居的灵魂提供庇护之所。

过隐居生活并非任何宗教团体或苦修团体的禁脔。它是一种普遍的人类冲动，超越了一切宗教的、世俗的和社会的界限，研究整个历史上的隐居活动，总是充满惊奇，持续不断地挑战着我们关于隐士是什么以及他们代表什么的先入之见。比方说，人们长期以来想当然地认为，在埃及，苦修生活的最早实例都是基督教的，而事实上,早在基督教最早的隐修士于公元 4 世纪初期出现之前,很多苦修团体就已经存在于埃及世俗社会中。尽管毫无疑问,是基督徒最早把苦修生活带离了埃及的城市,并带入其沙漠地区严酷的环境中,有证据表明,世俗的苦行崇拜可能提供了一种社会架构,不仅早于基督教的修道院制度,而且还为即将出现的基督教修道会充当了哲学模型。

有人认为,修道院生活之外的宗教隐士总是过着完全与世隔绝的生活,这样的假设在仔细审视之下也站不住脚。具有讽刺意味的是,一些隐士在过隐居生活上越是"成功",他们的名声就传播得越远,他们吸引到的关注也就越大。要不了多久,他们就会发现,自己被数以十计、甚或数以百计的门徒和追随者所包围;这些人渴望聆听他们的教诲,急着仿效他们的榜样。历史上充斥着这样的记载:有一些隐士,当一群古怪的病弱者、受启发者和好奇者追随他们的足迹时,他们便在不停地寻求独处中,越来越深入地走进茫茫荒野。隐士们常常干脆做出让步,接受一小群追随者的存在,延续《新约》中一个很难抵制的先例。这些追随者中的一小撮核心人物组成了一个单独的小组,接下来,这个小组将会吸引更多的追随者,如此这般,循环往复。正是由于像这样一些很小的、几乎是自发组成的社团,历史上一些大的天主教团体,诸如嘉玛道理会和嘉尔笃会,才得以诞生。

自公元 6 世纪以降,过隐士或修道士那样的生活,意味着或多或少过一种组织化的服从生活,其基础是严格遵守一套共同接受的成文准则。一些历史文献,比如修道士们奉行的《圣本笃规则》(*The Rule of St Benedict*) 和男女隐修士奉行的《女性隐居修道者指南》(*Ancrene Wisse*),详细规定了宗教隐士应该如何过他们的日常生活,其方式很少有解释的余地。

然而,在 21 世纪,关于隐士的构成,其定义经历了一次革命。尽管对今天的一个本笃会修道士来说,隐居生活方式的意义在很大程度上与 10 世纪并无不同，但是，多亏了《圣本笃规则》中永不过时的常识，对于一个由于无法应付生活中的要求和压力而拒绝离开床榻的年轻日本男性来说，隐居生活有着完全不同的意义。其中有些现代日本隐士，即所谓的"宅男"，能够像囚徒一样在自己家里度过几十年的时光，过着独居生活，既非出于选择，也不是为了追寻上帝，而是彰显了一种他们似乎无法克服的公认的社会病。

今天，由于对心理状况有了更深的理解，使得人们对这些人的认识、诊断和治疗有了更大的空间。然后对他们来说，隐居生活并不是一种选择，而是一种疾病，在极端情况下，这种疾病能够迫使他们在完全与世隔绝中度过自己的整个一生。研究历史上一些更古怪的隐士的行为模式，使得我们能够重新评估他们的行为，使之去神秘化，并探寻他们避世隐居的心理原因。本书中的几个隐士，包括鲍比·菲舍尔（Bobby Fischer，参见第 6 章），似乎患有像阿斯伯格综合症那样的泛自闭症障碍，这样的疾病可能导致一个人社会交往能力严重受损，并使他们追求孤独。

19 世纪最古怪的隐士之一、五世波特兰公爵威廉·斯科特－本尼迪克特（William Scott-Bentinck，参见第 7 章）显示出了符合逃避性人格障碍（APD）的几个特征。这种疾病导致一个人厌恶社交聚会，包括一种无处不在的无力感，以及对批评的过度敏感。像很多 APD 患者一样，他构建了一个安全的幻想世界，在那里，焦虑能够得以最小化——就波特兰公爵的情况而言，那是一个巨大的地下世界，位于威尔贝克修道院的祖宅之下。能够导致遁世行为的另一个心理障碍是强迫症（OCD），这是一种焦虑症，能够导致一个人全神贯注地从事乏味而耗时的重复工作，严重阻碍他的社会交往。遁世隐居的霍华德·休斯（Howard Hughes，参见第 7 章）显示出了几种典型的 OCD 倾向，包括"细菌恐惧症"。

过独居生活——要么有心，要么无意——所带来的一个在 20 世纪才被人们所认识的问题是：人类并非在遗传上就注定要在孤独中

| 隐士的生活

度过自己的一生。神经学家声称,大脑的皮层包膜主要是从交流的需要中进化来的,是为了帮助人类处理人际信号,改进原始的生存机理,这种机理最终导致社会群体的形成,并反过来确保我们作为一个物种的延续。简单地说,人类天生就喜欢群居,喜欢在社群中生活。尽管历史上一些伟大的隐士为我们提供了持久的、富有启发性的榜样,但我们天生就是要彼此相对、晤谈甚欢。

第1章　开悟：印度和西藏的苦行者

最美的歌声是寂静中的鸟鸣。
但你首先必须有寂静。
　　　　　　——温德尔·贝里，20世纪小说家
每天花点时间独处。
　　　　　　——丹增嘉措，十四世达赖喇嘛

公元前1500年，雅利安人，一个来自中亚的印欧游牧部落，开始定居于西北印度的旁遮普地区。他们带来了吠陀教，那是一种古代宗教，涉及对一些男性神的崇拜和动物献祭。吠陀梵文诗篇和圣歌被认为太过神圣，不能笔之于书，信仰和习惯做法一代代口耳相传。千百年过去，吠陀教开始吸收本地的印度宗教，随着时间的推移，发展出了一批梵语圣歌，被称作《梨俱吠陀》（*Rigveda*）。这些圣歌接下来演化为《奥义书》（*Upanishads*），是新的世界性宗教印度教的宗教经文。

遁世独居的苦行者在印度教的早期发展中扮演了一个决定性的角色。吠陀时期（公元前1500～前1200年）写成的梵语经文讲到了一群赤身裸体的苦行者，被称作牟尼（munis）或"沉默的圣贤"。他们能够连续不断地笔直站立一年多的时间，据说拥有一些超人的能力，比如空中飘浮和心灵感应。弃绝一切世俗事物的观念（一种

一位圣人坐在他的茅棚里,向一位信徒传授精神智慧。这些印度圣人抛弃了一切世俗的依恋和财物,把他们的一生投入到实现解脱上。

常见的隐士特征），自《奥义书》成形的时期（公元前800～前400年）以来，就是印度教教徒的生活和实践中必不可少的组成部分，隐士的概念在其他任何宗教中都没有成为这样一种基本而广泛的现象。印度教徒接近苦行生活的方式压倒性地是对孤独的追求，不像西方那样注重于社群。印度教的寺院固然存在，但被隔绝在其高墙之内的人数往往很少。印度教的苦行者们普遍信奉一种内省和与世隔绝的哲学，从未具体地醉心于共同准则的观念。走向苦行生活的过程，在印度教的"人生四阶段"中可以清楚地看出：

◆ 学生阶段，这段时期从青春期到二十几岁，以学习和积累知识为特征。

◆ 家长阶段，此时，一个人已长大成年，结婚生子，养活家人，并对社群作出贡献。

◆ 退休或"退居山林"阶段，这是一个冥思默想的时期，一个人回顾自己的生活和经历，并认识到生活的意义。

◆ 遁世阶段，涉及一个接近精神完成的觉悟水平，其目标就是解脱（moksha），从一切世俗事物中解放出来，摆脱无休无止的苦难循环。

苦行僧

苦行僧（Sadhu）是一个梵文词汇，意思是"完成"或"达到一个人的目标"，通常用来描述一个离开自己的家庭、追求独居的精神性生活的圣人。尽管它是一个定义得很宽泛的概念，也可以指一个生活在社会边缘的云游者，比如占卦算命的人，或某个有着可疑的精神意图的人。苦行僧穿着赭色的长袍，象征着弃绝尘世，他们毕生致力于实现解脱。为了实现这个目的，他们放弃了对享乐的追求和实际目标的实现，甚至放弃了自己的责任感，一切都服从于解脱的实现。印度教的苦行僧相当于基督教的隐修士，他们的一生都在棚屋或洞穴中度过，或者像乞丐一样云游四方，托钵乞食，传播精神智慧，过着严格的独身生活。

印度的虔诚信徒认为苦行僧的方式是精神奉献的最高形式。苦行僧可以进入女人的禁地，那里通常是男性不能涉足的，可以自由地遍访印度种姓制度纷繁复杂的不同阶层。在今天的印度各地，依然有很多苦行僧在森林、洞穴和棚屋里过着隐居生活，数量以百万计。

史瓦密·塔坡旺

> 世俗欲求是奴役性的，它们也有其原因，试图用看不见的锁链把一个人束缚起来。
>
> ——史瓦密·塔坡旺

史瓦密（swami）是一个梵文词汇，意思是"灵性宗师"。史瓦密类似于苦行僧，但苦行僧往往是独居，靠施舍为生，而史瓦密则通常被一个宗教团体所接纳。如果说，苦行僧相当于基督教的沙漠苦修士，那么，史瓦密则相当于基督教的修道士。

史瓦密·塔坡旺本名基普·库蒂（Chippu Kutty），1889年出生于南印度喀拉拉邦的一个贵族之家。他是一个语言学天才，离开学校之后便开始研究诗歌和戏剧，以及古印度-雅利安语言马拉雅拉姆语和梵语。当他父亲在1909年去世的时候，他对正规教育失去了兴趣，开始考虑去喜马拉雅山脉，把时间花在反思和冥想上。尽管还要过11年，他才使自己彻底摆脱世俗世界，最终作为一个深受敬重的遁世者看到了他所深爱的喜马拉雅山峰。

他走遍了整个印度,拜访了很多印度圣人,然后才披上遁世者的赭色长袍,过上了独居和冥想的生活,完全没有世俗财产。在他被接受为遁世者并得到了"史瓦密·塔坡旺"(意思是"苦行的森林")这个名号之后,这个享有盛名的内省者终于退隐到了根戈德里,那是北印度乌德尔格希偏僻而多山的喜马拉雅地区。他生活在恒河畔一个极小的、只有一间房的茅棚中,追求苦行(tapas)。那是一种瑜伽仪式,旨在净化心灵,增强自我意识。他很少接收弟子,不相信像隐修院(ashram)这样的宗教团体和隐居地。在夏天的几个月里,他对自然纯洁的热爱会让他离开简朴的隐士棚,长途跋涉到更高的高处,为的是寻求孤独和灵感。

史瓦密·塔坡旺留下了一笔令人印象深刻的文学遗产。父亲的死促使他写下了诗体颂词《纪念》(Vishnu Yamakam)。他对大自然深厚而持久的热爱,使他在踏遍喜马拉雅山脉的孤独旅行中写出了另外两本书:《凯拉萨朝圣之旅》(Kailasa Yatra)——记述他在西藏的寺庙里度过的时光,以及《漫游喜马拉雅山脉》(Himagiri Viharam)。他写过几篇论述印度雕塑的评论,深受人们的推崇。1929年,他创作了一本梵文颂诗集,他称之为《献给美丽森林的颂诗》(Soumyakaseesa)。最后,为了回应他的热爱者持续不断的呼声,他写出了他的自传体杰作《见证上帝》(Iswara Darshan),记述了他作为最伟大的喜马拉雅隐士之一的传奇一生。

史瓦密·塔坡旺尽管病倒了,但他拒绝治疗,于1957年2月16日去世,享年68岁。就在他去世之前,他把自己的茅棚遗赠给了一位年轻的信徒,名叫桑德兰德(Sundaranand)。

史瓦密·桑德兰德

有时候,他因为对摄影的持久热爱而被人们亲切地称作"咔嗒

> 隐士的生活

苦行僧"。史瓦密·桑德兰德1926年出生于印度,是喜马拉雅山脉伟大的隐居史瓦密之一。自1946年起,他就在自己的棚屋里与塔坡旺生活在一起,从那里可以俯瞰恒河支流之一帕吉勒提河的源头:根戈德里冰川。自塔坡旺1957年去世之后,桑德兰德继续生活在这个海拔3139米(10 300英尺)的茅棚里,他在那里拍摄了十万余幅冰川收缩的照片。他认识到了冰川的消亡意味着什么,这一认识使得他穿越印度次大陆,唤醒人民关注印度正在退缩的冰川,关注冰川消失将会带来的社会、经济和精神的后果。

50多年过去,史瓦密·桑德兰德成了一个圣贤,一个自然主义者,一个瑜伽修行者,以及一个技艺精湛的摄影师。尽管他的名气越来越大,但在过去50多年的时间里,他并没有花多大力气来装饰塔坡旺的棚屋,只是增添了几个山羊角,以及一些长满树瘤的木桩。根戈德里是印度最难到达的朝圣中心之一——第一条进入这一地区的土路直到1970年代才建成——因此使得史瓦密·桑德兰德能够在喜马拉雅山的平和与宁静的环绕中生活了几十年。

在他一生中后来的阶段,史瓦密·桑德兰德坚持不懈地努力保护恒河及其支流,即使这项工作不利于印度教隐修处沿恒河上游畅通无阻地蔓延,以及它们给这条河的健康带来的影响。他采取了积极的姿态,反对在这一地区发展旅游业,同时也反对猖獗的森林砍伐。他毫不妥协的抗议使他卷入了与本地班达(panda,河畔的祭司)之间的冲突,甚至导致他的棚屋遭到洗劫,他心爱的相机被毁或被偷。

史瓦密·桑德兰德的社会行动主义实现了更广泛的神学意义,只要我们把它跟罗马天主教的"解放神学"概念及其把公正带给穷人和受压迫者的努力放在一起比较,就可以看出这一点。当一种宗教认定,自己应该参与到对社会正义的追求中,并努力提高它声称代言的那一部分人的物质福祉,以此来证明其神学的日常关联,它也就获得了一种新的权威。在史瓦密·桑德兰德看来,宗教生活不只是一种冥思苦想的生活和内心的探索之旅,它已经演变成了更多的东西。他是在用自己的方式,论证着人道主义在21世纪如何继续是一股维护社会正义的动态力量。

大雄

大约自公元前9世纪以来,耆那教便以这样那样的形式出现在印度。在耆那教中,就像在佛教中一样,任何个体,如果不是预先有过某种形式的精神体验或顿悟,他的身上就不可能存在精神权威。

公元前6世纪,古代拉楚瓦(Lachuar)王国(今印度的比哈尔邦)的统治者悉达多(Siddhartha)国王和特里莎拉(Trishala)王后生了一个儿子。国王和王后给他们的儿子取名筏驮摩那(Vardhamana),意思是"越来越兴旺"。但在今天,他更多地被称作"大雄"(Mahavira),即伟大的英雄,他提炼了耆那教古老的原则和信条,给它们注入了新的生命。

筏驮摩那的父母认为自己苟活于世毫无益处,在与这种状况搏斗抗争多年之后,他们绝食饿死了。这之后,经过兄长的同意,筏驮摩那决定过一种与世隔绝的隐居生活。他走到村外,坐在一棵无忧树下,公开发誓弃绝尘世生活。28岁那年,筏驮摩那成了一个苦行僧,但不像他同时代的悉达多·乔达摩(Siddhartha Gautama),即佛陀;后者为了寻求开悟而抛弃了自己的家庭,而筏驮摩那则开创了耆那教的一种苦行僧传统:在遁世隐居之前,先征得家人的同意。他抛下了不忠实的妻子和一个女儿,抛弃了所有的王子头衔,对自己相当可观的财富没有留下任何嘱托。他的离去导致了一场轰动,人们聚集起来,祝愿他在寻求获得"完美的知识和信仰"的探索中能修得正果。他剃光了自己的头发,穿上了简朴的托钵僧袍,离开了他的出生之地,再也没有回来。

到 30 岁的时候，筏驮摩那成了耆那教历史上的"大雄"。他不再是一个王子，而是一个无家可归的乞丐。他接连数月孤身漫游，直至雨季来临，才到不同的隐修处寻求庇护。接下来，他决定与那些围绕在他身边的人分开。一些人邀请他去自家暂住，他拒绝了，并开始过一种极端苦行的生活，就连后来西方隐修士所使用的"乞丐碗"也省去了，而是选择径直以手掌当碗盘。他还摒弃了衣服，这是耆那教的一种常见做法——当亚历山大大帝在公元前 327 年入侵印度时，遇到过一些"赤身裸体的哲学家"，这里提到的几乎可以肯定是耆那教的苦行僧。人们常常会看到大雄赤身裸体地站在一片开阔地上冥思苦想。如果他来到一幢房子前，看到有另外的托钵僧或乞丐在那里等待食物，他就会掉头而去，继续前行，直至走到另一家的门前。大雄相信，只有当一个人孤身一人的时候，才能开始思考绝对真理。

经过 13 年的苦行和云游，不断克服贪婪、骄傲和嫉妒，承受了各种各样的艰难困苦——从饥饿和漫长的斋戒期，到土匪的袭击——之后，大雄终于断绝了一切尘根，宣布自己实现了"完全智"（kevala），即绝对知识，于是便开始他作为一个云游导师的生活。在接下来的 30 年时间里，他身边聚集了大批追随者，男性苦行者超过 14 000 名，女弟子将近 40 000 名。在他遍游印度的旅行中，男女追随者都陪伴在他身边。大雄生命中最后的几年是作为一个隐士度过的——组织他的新信仰的结构，不断提高作为一个导师和先知的精神境界。

佛陀

不像印度教，佛教强调进入精神生活的苦修途径。根据佛陀悉达多·乔达摩的教义，这种生活可以从一个人的任何年龄开始，只佛陀丢下了父亲的宫殿和自己的妻子,为的是着手一次精神之旅,最终带领他走向开悟。

| 隐士的生活

要他接受关于物质世界短暂性的某些原则。佛教在很大程度上源自于印度教的信条,但添加了佛陀对遁世的强调。佛陀教导我们,只有丢下这个红尘俗世,才能弃绝一些在他看来对生活毫无意义的东西。

公元前5世纪,在尼泊尔靠近印度边境的喜马拉雅山脚下的一个小村里,悉达多·乔达摩出生于一个被称作释迦族(Sakyas)的武士部落。悉达多的父亲是一个有权有势的婆罗门,有人警告他:只要他的儿子看见了一个病人或乞丐,他就会抛弃自己的家庭,去过苦行僧的生活,并成为一个伟大的隐士。由于害怕失去唯一的儿子,他围绕儿子住的地方建了一道高墙,好让这个世界上的病人和穷人不被儿子看到。当然,这个世界不可能永远被挡在墙外。有一天,悉达多从窗户里看到一个病人在街上乞讨。他于是去找父亲,说自己再也不可能远离周围的苦难逍遥自在地生活了。29岁那年,他抛下了自己的妻子,进入附近一座寺庙,在那里,名叫悉达多的人已不复存在,而那个被称作乔达摩的信徒开始他作为一个沙弥的新生活。他下定决心要找到一个"没有生老病死"的世界,但是,在与其他僧人一起过了几年毫无收获、令人沮丧的修行生活之后,乔达摩离开了那座寺庙。他坚定地认为,住庙婆罗门的修行是徒劳无益的。他加入了一个云游苦行僧的群体,他如此坚持不懈地斋戒,以至于据说他能够通过胃的折叠感受到自己的脊柱。35岁那年,他坐在伽耶的一棵菩提树下,一直在那里冥思苦想,直至实现了开悟。

关于佛陀一生中具体事件的记述,更多的是哲学性的和神秘性的,而不是叙事性的,大多是在他去世之后由僧侣们编写出来的。因此,他生平的很多故事和行为都缺乏历史验证,甚至关于他的出生日期都只是猜测,说法各不相同——从公元前485年初至公元前400年末。

佛陀乔达摩大概是历史上最著名的隐士,在山洞和森林里过着一种典型的隐士生活,50年来云游印度各地,讲授他所学到的东西。

第 1 章 开悟：印度和西藏的苦行者

佛陀把人对尘世生活的依恋看作是一切不幸的根源。贪婪、愤怒、欲望、焦虑——所有这些都是由于我们与其他人的交往而导致的。要想摆脱这样的结果，唯一的办法就是使自己与周围的人分离。在实现开悟上，佛教的超脱观念当时是、今天依然是一个决定性的因素。

密勒日巴尊者

在佛陀去世之后几百年的时间里，这一新宗教分裂为将近20个截然不同的教派，甚至在每个教派的内部，也有不同的分支，藏传佛教也不例外。但有一个人，把几个世纪以来各种不同的表达统一了起来，今天被公认为最伟大的隐士和瑜伽修行者之一，这个人就是密勒日巴尊者（Jetsun Milarepa）。密勒日巴常常被称作"亚洲的苏格拉底"，至今依然被很多西藏人视为理想的苦修者。密勒日巴尊者在藏传佛教徒心目中的地位，相当于圣方济各（St. Francis）在罗马天主教徒心目中的地位，以及克利须那（Krishna）在印度教万神殿中的地位。

这位著名的佛教隐士、圣徒和诗人，1040年出生于西藏的西贡当地区一个有蒙古血统的富商之家。他的父母给他取名闻喜（Tubhaga），意思是"听着让人欢喜"。在宗教集会和家庭集会上，人们常常要求他吟唱宗教歌曲和西藏民谣。他的头发用漂亮的金线编成了辫子。7岁那年，父亲去世了，家里相当可观的财富被不择手段的叔叔和婶婶给骗去了。闻喜被迫挣钱养家，与黑巫术的世界有过一段短暂的合作。在这段时期，据说他把一场凶狠的冰雹降临在叔叔的家里，那天恰逢叔叔的儿子30岁生日聚会，导致房子垮塌，砸死了很多宾客。尽管这个故事的意思明显是一种寓言，但人们还是同意，报复行为是一种合法手段，为的是纠正不公；宣扬报复行为的

| 隐士的生活

> **隐士和野兔的故事：一个被归到佛陀名下的故事**
>
> 森林里曾经生活着一个隐士和一只野兔。他们靠水、树根和野果为生，隐士的衣服是用树皮做成的。有一年，出现了很长时期的干旱。山泉干涸，没有什么东西可吃，于是，隐士决定回到城里。野兔恳求隐士不要走，但他决心已定。
>
> 那天夜里，野兔出来觅食，希望找到足够的食物，好说服它的朋友留下来，但它第二天早晨空手而归。那天晚些时候，隐士即将离去，野兔自投于火，说："别离开这个静修之地。我将把我的身体自投于烈焰，这样你就有食物了。你千万不要离开。"隐士认识到，野兔准备牺牲自己的性命，好让隐士能够继续过一种神圣的生活，他被深深打动了。他祈求老天下雨，浇灭眼前的这堆火，他的祈祷得到了回应。隐士和野兔继续过着与世隔绝的生活。
>
> 在这个故事中，野兔是故事讲述者（即开悟者）的象征，准备在必要的时候牺牲自己的生命，好让其他人能够继续走在追求绝对真理的路上。

故事在 11 世纪的西藏稀松平常。关于这一点，密勒日巴的母亲提供了一个完美的例证。家庭的衰败让她伤心欲绝，她鼓励儿子"牵出他的马，踩断敌人的脖子"。

相信自己闯下了大祸，从今往后要作为一个罪人度过一生，密勒日巴便离开了家，去找他那个时代一个受人尊敬的上师马尔巴大译师（Marpa the Translator）寻求智慧。在马尔巴上师的指导下，密勒日巴不得不为他从事过的秘术而忏悔赎罪。尽管马尔巴给他提供了食物和衣服，但他觉得，这样的慷慨是他担当不起的，他宁愿自己去寻找这些东西。一次虔诚的行为迫使他去向喜马拉雅山的牧人和农夫乞讨食物。马尔巴逐渐把密勒日巴领进了佛教密宗实践和精神自觉的丰富圆满中,他把这称之为"连续统一体",是把一切事物联系在一起的绝对真理,很像花环中的一串花。

训练结束后,密勒日巴离开了马尔巴的隐居地,回到了家中,不料却发现,他的祖宅已经人去楼空,母亲也去世了。伤心欲绝的他回到了山中,开始在一个大山洞里过一种遁世和沉思的生活。那个山洞紧挨着西藏人所说的珠穆朗玛峰,但别的地方的人都称之为埃佛勒斯峰。正是在那里,他让叔叔和婶婶羞愧难当。他们找到他,抱着一丝渺茫的希望,想占有他童年时代的家产。密勒日巴不仅忘掉了他们的背信弃义,而且还感谢他们提供了那样的机缘,促使他踏上了如今正在寻求的精神旅程。接下来的12年时间里,密勒日巴在一连串越来越与世隔绝的洞穴里过着苦行的隐居生活,追求一种被佛教徒称作"达摩"(dharma)的圣洁生活。

佛教经文中有一些零零星星文字提到,有整整一年的时间,密勒日巴仅仅靠普通的荨麻为生。他把这些荨麻磨成粉末做汤喝,最后使自己的皮肤变成了绿色。他精通那洛巴瑜伽,这是他从马尔巴那里学会的一种高级的冥思方法。而后者是从自己的老师、神秘主义者那洛巴(1016~1100)那里学会的。这使得他能够通过冰冻喜马拉雅山的水,来提高自己体内的温度,使之保持温暖。当他苦行和智慧的名声传播四方的时候,很多商人、瑜伽修行者、僧侣、甚至还有王室成员,都不辞辛劳,艰苦跋涉,来到他隐居的山中,寻求他的指导,而他总是对他们吟诵一连串的抒情诗歌。密勒日巴的诗歌最终被他的弟子们搜集起来,编订成册,题为《十万歌集》(*The Hundred Thousand Songs*)。

打那以后,《十万歌集》便成了大乘佛教经文的组成部分。这些诗歌着重强调超脱于一切尘世事物之外、断绝个人和家庭纽带的佛教观念,同时还提醒我们记住肉身的短暂性。

| 隐士的生活

扎叶巴的隐士洞

在西藏首府拉萨东北30公里处的一条铺砌公路的尽头，有一排80多个壮观的天然和人工石灰岩洞，沿着富饶的叶巴河谷畔300米（1000英尺）高的悬崖排列成行。西藏人称之为拉萨的"生命树"。古往今来，它们为无以数计的隐士、瑜伽师和修道士提供了庇护之所。

据说，西藏帝国的创立者松赞干布于7世纪曾在那里独处，而在8世纪，印度密宗大师仁波切在那里的与世隔绝中冥思。著名的西藏僧人哈隆巴吉多杰在842年放箭射中了他所仇恨的朗达玛国王之后，曾躲避在那里。到11世纪中叶，扎叶巴已经成了隐士活动一个最重要的中心。

1959年，这些洞穴遭到严重损坏，但如今得以修复。隐修士们陆陆续续地回来了，很多埋没了50年的工艺品再一次被放置在这些石灰岩壁之内。

一些艺术化的表现手法常常描绘密勒日巴把一只手窝成杯子的形状，放在耳朵后面，暗示他在通过自己的诗歌传授佛教思想。尽管事实上他不懂梵文，也不熟悉大多数印度佛教传统，但他从不伪装，对所有人都充满同情，不管他们贫富贵贱。这给他带来全国性的声望，而他的隐居生活方式——此前，这在西藏是一种相对被忽视的宗教献身途径，在很大程度上要归因于这个地方的恶劣气候——唤醒了西藏人，让他们意识到有这样一个新的途径，可以实现冥思苦想的生活。

密勒日巴向他的弟子惹琼巴（Rechungpa）口授了一份关于自己生平的详尽记述，被称作《密勒日巴尊者传》（*Mila Khabum*）。它历经几个世纪而幸存了下来，成了一个关键性的材料来源，不仅是关于密勒日巴的传记信息，而且还是关于藏传佛教思想的历史信息。

密勒日巴死于1135年，享年84岁。在最近一次接受作家托马斯·赖尔德（Thomas Laird）的采访中，达赖喇嘛把密勒日巴称为西藏历史上最伟大的人物之一，并说，他理解生活的本质和虚空。据说，当密勒日巴去世的时候，彩虹出现在头顶上，花环从天而降。

乌金确吉

"圣徒传"（hagiography）是一个专门术语，指的是以一种令人肃然起敬的风格讲述宗教人物（比如圣徒或殉教者）生平的传记作品，是一种宗教文学体裁，在西藏文化中有着悠久的传统，尽管传主绝大多数是男性。在西藏，自11世纪以来，除了以这种风格写成的宗教传记之外，还有大约150部男性作者的自传作品。人们并不认为女人的生平和志向足够重要到可以包括在西藏的宗教和世俗文学的典籍之内。

在早期的佛教社会中，女人大多是目不识丁的文盲，她们撰写的自传作品，数量屈指可数。这使得西藏的"喜马拉雅女隐士"乌金确吉（Orgyan Chokyi，1675～1729）的自传显得尤为引人注目。它在时间上比其他所有女性自传作品领先两百多年，在它写成的那个时代，人们对女人的精神意图常常抱有怀疑态度。

乌金确吉出生于西藏东南部多尔波地区一个贫寒之家，父母的态度，充其量只能描述为对她的到来不是很欢迎。在她的自传中，乌金确吉写到了她的父亲（患有麻风病）如何清楚地表明，他不想要她，人们常常看到父亲当众打她；还写到了母亲如何直截了当地告诉她，丈夫和自己拼命想要一个男孩，因为男孩更有能力养活他们。仿佛是为了强调他们的失望，母亲给她取名基洛（Kyilo），意思

据推测，乌金确吉通过荼吉尼学会了读书写字，图中所描绘的就是荼吉尼。作为活力的彰显，荼吉尼通常被描绘为在跳舞。

是"幸运破灭"。

确吉的早年生活充满了不幸和苦难，而她的独居生活之路则大不相同。当时，多尔波地区被认为处在西藏文化的边缘之外，然而，那里的社会却依然是拉萨典型的家长式统治。多尔波地区干旱少雨，毫无特色，需要艰苦的体力劳作才能生产粮食，而且战争频仍，疾病肆虐，正如17世纪的喇嘛和云游瑜伽修行者丹增热巴（Tenzin Repa）在一首诗里所暗示的那样：

> 那里没有山岗，也没有溪谷，
> 军队没有带来饥荒，
> 也没有带来土匪出没的消息。

20岁那年，确吉告诉母亲，她想加入一个宗教团体。母亲同意了，确吉进入了一座尼姑庵，在那里，她成了尼姑阿妮多智钦索多尔玛（Ani Drupchen Sodrolma）的得意弟子。正是在这一时期，确吉成了一个名叫乌金丹增（Orgyan Tenzin）的宗教导师的弟子，立下了一系列没有具体说明的誓词，并建立了持续她整个余生的友谊。

然而，当确吉找到丹增，问他是否可以把她的生平故事写下来——这个要求证明她确实目不识丁——的时候，他拒绝了，并说："没有理由为你，一个女人，写一部传记。"直到晚年，她才摆脱了目不识丁给自己带来的束缚。据说，她是通过在西藏被称作"荼吉尼"（dakini）的神秘人物学会了读书写字——这些被称作荼吉尼（译者注：其字面意思通常被译作"空行母"）的女性人物在天上飞来飞去，陪伴灵魂进入天国，并保护口头宗教的传播，在印度就相当于基督教的天使。然而，更有可能，她是在阿妮多智钦索多尔玛的指导下，在尼姑庵里学会了读书写字。很多尼姑有经济能力委托别人抄写手稿，而多尔波是一个以妇女赞助妇女而闻名的地区。决心把所谓的荼吉尼的权威置于她的世俗上级的权威之上——这一特征在西方的女性圣徒身上也并不少见——确吉于是开始写作，不是用女人的言辞，而是仿照受戒男性的风格，这也是她唯一熟悉的风格。

确吉所生活的那个社会，没有给女人提供独居的"奢侈"，而有一套不成文的"男性蒙福"的哲学。她开始对自己的女性形态感到沮丧——她相信有一种特别的不幸被女性所共享，无论是人还是动物——她写道：

> 愿我来世不再生为女儿身，
> 愿母马不再生而为母马。

修道院里的生活并不全是她所希望的那样。作为一个女人，她被要求把时间花在厨房里，而她更愿意从事思考。接下来，在她30多岁的时候，她花了将近10年的时间，在一个被称作太阳洞的退隐地，与世隔绝，冥思苦想。在那里，她实现了一定程度的自治和自由，这是她毕生孜孜以求的。想吃就吃，想睡就睡，什么时候起床完全听从身体的吩咐，当情绪突然上来的时候，她甚至在自己的隐居室里赤身裸体，绕室而走。

50岁那年，哀叹肉身的短暂，大概还有希望逃离她所说的人的"冷漠"，确吉退隐到了唐德鲁附近的一个山洞里，在那里与世隔绝生活了许多年，摆脱了折磨她大半辈子的日常劳作和困苦。根本不是挑战社会的信条，尽管看起来，这些信条似乎让她不堪重负，以至于她选择了与世隔绝，作为对每天提醒她想起自身苦难的那些东西的最好回应。孤身一人呆在自己的洞穴里，乌金确吉找到了幸福。摆脱了她所说的"凡夫俗子的喋喋不休"，她发誓要洁身斋戒，过上一种深刻思考的生活。

1729年，在出席一场宗教集会的时候，一根倒下的横梁打中了她的头。8天之后，乌金确吉辞别人世，享年55岁。

第 1 章 开悟：印度和西藏的苦行者

乌金确吉生平故事现存的 3 份手稿历经几个世纪幸存了下来，今天可以在加德满都的尼泊尔国家档案馆里看到。这些手稿，以及另外几部少得可怜的女人撰写的残存传记，提供了一扇窗户，可以窥见性别不平等和女性的边缘化给她们带来的日常焦虑。对于这些主题，男性作者觉得毫无价值，不值得关注。

第 2 章　孤独中的拯救：基督教隐士和苦修士

> 在成千上万的人群当中做一个默默无闻的人，并保持少许谦卑，远比一个人骄傲地生活在狗洞里要好得多。
> ——帕科缪，基督教苦修士，公元 340 年
>
> 只有世界的寂静才是真实的。
> ——托马斯·默顿：《没有人是孤岛》
> （*No Man is an Island*），1955 年

有一个中世纪英格兰的故事，说的是两个隐士在一片森林里出人意外地碰面了。第一个隐士刚刚开始孤身一人的隐居生活，走进这片树林是为了寻找一个地方，好建造他的隐士棚。正当此时，他看到一个老者正注视着他穿过这片灌木丛。当这位初来乍到者大声呼喊的时候，老人跑开了，年轻的隐士于是便去追赶，很快就把那位上了年纪的隐士逼到了绝境。年轻的隐士寻思，他只能赶在老人再次跑开之前，才有机会问他一个问题，于是便问："老先生，请告诉我一句让我能够得到拯救的话。"老人看了看他，说："逃离人的友谊，并保持安静，你将得到拯救。"

故事反映了隐士的智慧，这样的隐士在中世纪大量存在，但隐修士并非一直被视为基督教精神成就的顶峰。直到公元 4 世纪，这些孤身独居和恪守清规戒律的传统——这一传统最早是由诸如摩西

和以利沙这样的旧约先知传下来的——继承者们才成为基督教世界杰出的圣武士。因为，在充满敌意、残酷无情的罗马世界，正是殉道者的桂冠，成为基督教信仰的终极表达。但是，当伽勒利（Galerius）皇帝在公元311年颁布"宽容敕令"的时候，情况发生了改变。几乎是一夜之间，殉教变得无关紧要了，隐修士取代殉道者成为基督教信仰的终极表达。没用多长的时间，羽翼未丰的教会便产生了它最优秀的隐修士之一。

底比斯的圣保罗

到底比斯的圣保罗去世的时候（大约在公元342年前后），基督教世界并没有用多长时间便认识到，它不可能无动于衷地袖手旁观，而让它的第一个官方隐修士以任何接近传统的方式离开这个世界。因此，当圣哲罗姆（St Jerome）在公元376年撰写《第一个隐修士圣保罗传》（*The Life of St Paul the First Hermit*）的时候，他竭尽所能给予保罗以最高的临终评价，与最受尊敬的旧约先知不相上下。

据圣哲罗姆说（当时他本人也在叙利亚荒野的某个地方过着隐居生活），保罗在埃及的底比斯沙漠一个山坡上隐居的山洞里孤零零地死去。他在那里连续不断地生活了将近一百年。保罗最伟大的弟子和门徒圣安东尼发现了他的遗体，他悲痛不已，哀叹自己没有任何工具可以给老师挖一个坟墓。幸运的是，在绝望之中，突然出现了两头狮子。狮子接近了保罗的遗体，然后掉过头去，样子显得十分哀伤和悲痛，仰天长嚎，大声哀鸣。接下来，它们开始在距离尸体不远的地方挖墓坑。当它们完成的时候，两头狮子大步走向安东尼，接受了他的祝福，便走开了。接着，安东尼给保罗的尸体穿上了一件宽松的束腰外袍，那是亚历山大城的主教圣达修（Athanasius the Great）给他的。在基督教会中，底比斯的圣保罗是第一个为了圣洁和更贴近地与上帝交流而选择远离人群的人。就这样，他被下葬了，并举行了一个象征性的沙漠葬礼。这样做不仅仅是要强调他的圣洁，而且还帮助确立了他作为基督教世界的不朽人物之一。基督教隐修士伟大而高贵的传统从此迅速发扬光大，这一传统体现在他的与世隔绝以及至死不渝的信念中，就连野兽看到他死去也会哀伤。

底比斯的圣保罗在公元229年前后出生于下底比斯的一个富裕之家。他过着漫长的苦行生活，公元342年以113岁高龄辞别人世。关于他的生平，尽管缺乏任何具体的历史文献，但人们或许还是不得不认为，他是那一时期开始在埃及出现的很多沙漠隐居者的复合物。如果完全相信圣哲罗姆对圣保罗的记述，那么，保罗和他的姐姐在父亲去世之后继承了一笔相当可观的遗产。然而，保罗的姐夫（圣哲罗姆描述他"嗜金如命"）威胁要向罗马人揭发这个年轻基督徒的行踪，除非他把自己继承的一半遗产让给他姐姐。这是基督教会遭受严酷迫害的时期，罗马皇帝德西乌斯（Decius）在公元250年颁布了一篇敕令，要求所有罗马公民都向国家神供奉献祭，这样做的目的是暴露基督徒，因为他们会拒绝供奉这样的献祭。保罗把自己继承的一半遗产给了他姐姐，然后逃进了沙漠，藏身于一个山洞里，他在那里孤身一人生活了90多年，靠野果、水和定期的面包供应为生。

沙漠里的圣安东尼

整个4世纪，生活在埃及城市周围沙漠洞穴里的隐修士的数量缓慢增长。正式的僧侣集团形成得很缓慢，强调的依然是孤独的体验，而不是生活在社群中。然而，随着隐修士数量的增长，人类喜欢抱团取暖的习性导致了更具组织化的沙漠隐居方式的发展，正如早期教会一些伟大的隐修士所提倡的那样，比如修道院制度的创立圣安东尼是最早的沙漠神父之一,他独自一人在一个洞穴里生活了15年,用祈祷来抵挡魔鬼派来的各种动物持续不断的攻击和诱惑。

隐士的生活

者帕科缪（Pachomius），这一制度是一些小的修道士群体一起生活在小修道院里，定期集会祈祷，过一种"集体生活"。

埃及出生的圣安东尼，也被称作沙漠里的圣安东尼，是底比斯的圣保罗的同时代人，也是早期教会最重要的隐修士之一，他在公元251年出生于下埃及的一个富裕之家。他的父母在他刚满18岁那年去世了，他的妹妹被托付给他照料。从那个时候起，关于他的生活便没有可靠的记述留存下来，直至他30岁出头。当时，他把耶稣的一段话谨记在心，耶稣在《马太福音》第19章第21节中劝告说："你若愿意作完全人，可去变卖你所有的，分给穷人，就必有财宝在天上，你还要来跟从我。"安东尼下定决心，要一丝不苟地遵从耶稣的命令。

安东尼卖掉了他的财产，把他的妹妹托付给一群基督徒妇女，她们会负责她的教育。35岁那年，他出外云游，开始在盐谷地区过一种隐居生活。那个地方在希腊的文学作品中被称作Scetes，这正是ascetic（苦修者）这个词的来源。他安排了一位熟人从他的村子里定期给自己带面包。教会神学家和历史学家达修（Athanasius）在关于圣安东尼生平的记述中指出，就连上帝本人也"念念不忘圣安东尼的艰苦奋斗，总是出手帮助他"。

安东尼在他出生地之外的一个山洞里生活15年，正是在那里，他开始过一种隐士生活（参见第3章），只通过洞穴石壁上凿出来的一道狭窄缝隙与其他人交流。正是在那里，他还承受了魔鬼对他发起的几乎连续不断的攻击和诱惑，这些攻击和诱惑持续了他的整个余生。

在本地的村民发现他神智不清之后，他享受了一段短暂的休息时期，之后，他选择了放弃人们普遍接受的习惯做法：在靠近一座城市边缘的地方过隐居生活。他去了法尤姆地区，那里是地地道道的沙漠，他把自己封闭在一座废弃堡垒的高墙之内，那里俯瞰着尼

希罗尼穆斯·波许（Hieronymus Bosch）的《圣安东尼的诱惑》（1490年）。圣安东尼独自一人生活在埃及沙漠的那些年里，多次经受了魔鬼派来的诱惑。

圣安东尼修道院

圣安东尼修道院创建于公元356年，也就是在圣安东尼去世不久之后，它是埃及最古老的修道院。它挑衅性地坐落于红海附近一个棕榈环绕的绿洲的边缘上，在阿尔奎尔扎姆山脚下。居住在修道院里的修道士们至今依然说古埃及语，继续遵守仪式主义的生活方式，1600年来，这种生活方式几乎没什么改变。

修道院的那些像要塞一样的高墙，是6世纪和7世纪发生的贝都因人突袭的遗产。它著名的图书馆藏有1700册古代经文和抄本，尽管它们只代表了最初藏书的一部分，这些藏书在1454年修道院被游牧民族贝都因人洗劫之前就一直存在。出自9世纪的壁画依然装饰着修道院的内墙，包括圣安东尼的一幅画像。

圣安东尼的隐修洞距离修道院的前门只有2公里（2300英尺），让任何一个准备攀登1400级台阶的人都可以鸟瞰红海的全景。可以安排在修道院过夜。

圣安东尼的遗体被安葬在修道院的一座小教堂里。

罗河的东岸，他在那里生活了20多年。

在严酷的埃及沙漠里过独居的隐士生活，这在当时几乎闻所未闻，圣安东尼开始了这段自我强加的与世隔绝的时期，但没过多久，他开始引起其他人的关注。神奇康复的传闻导致过分热心的追随者推倒了堡垒的防御工事，拒绝离开他的身边。他们曾经担心，在多年的独居生活之后，圣安东尼变得消瘦而虚弱；但他们发现，他十分健康，精力充沛，神采奕奕。

安东尼去了亚历山大城，给那里的基督教社群带来安慰，他们当中很多人因为他们的信仰而遭到监禁。当亚历山大的总督命令他停止劝人皈依基督教的时候，他拒绝了。为了表示抗议，他亲自找到总督，为自己申辩。安东尼设法避免了监禁，回到了他的沙漠堡垒中。尽管他作为独居隐士的生活已经变得十分困难，因为他的行为越来越多地被人们所传扬，甚至传到了君士坦丁皇帝的耳朵里，皇帝给这位圣徒写了一封信，要求他替自己祈祷。安东尼最终放弃了他的堡垒，带着一小群弟子，进一步走进沙漠的更深处。在那里，他在一眼小泉水的旁边种了一片菜园，平日里在祈祷和冥思中度过，编织草席，传播智慧和精神信仰。其中有一些被收入了5世纪的文献《沙漠神父箴言》(*Apophthegmata Patrum*) 中。

安东尼死于公元356年，享年105岁。他没有留下自己的著述。关于他的事情，我们所知道的一切，都可以在一篇题为《圣安东尼传》(*The Life of St Anthony the Great*) 的文献中找到，那是达修在这位圣徒去世之后的那些年里撰写的。

大阿尔塞尼

沙漠神父中最典型的苦行者和艰苦朴素的典范无疑是作家和隐修士大阿尔塞尼（Arsenius the Great）。公元350年前后，阿尔塞尼出生于一个豪门望族，父亲是罗马元老院议员，他在狄奥多西（Theodosius）皇帝统治时期升到了很高的官职。公元394年，他在君士坦丁堡担任皇室家庭教师时，决定去亚历山大城，加入一个修道士团体，这个团体由盐谷修道院的圣约翰·道尔夫（St John the Dwarf）领导。到他大约50年后离开盐谷修道院去埃及沙漠的深处追求更孤独的生活时，他正在成为所有沙漠神父当中最著名的一个。

究竟是什么原因促使他做出戏剧性的决定，要丢下这个红尘俗世，去埃及沙漠里过一种他明知祸福难定的生活。这一点只能靠猜三位沙漠神父：圣若望·克利马古（St John Climacus）、大马士革的圣约翰（St John of Damascus）和圣亚赛热（St Arsenius）。圣亚赛热为了寻求拯救而过了55年的隐士生活。

第 2 章 孤独中的拯救：基督教隐士和苦修士

测了，他经常苦苦思考这样一个具有讽刺意味的现象：富人在美德的领域似乎没有太大的进步。这表明他关注个人道德，以及道德对一个人的拯救可能有怎样的影响。然而，在到达盐谷修道院的时候，他的特权背景导致他备受猜疑，他最初被安置在距离修道院大约 48 公里（30 英里）的一个隐修室里。

阿尔塞尼发誓远离人群，以至于每当出席宗教仪式的时候，他都会藏在教堂的一根柱子后面，这样别人就看不到他。他的日常生活是严酷的苦行生活，即便是按照沙漠神父的标准来衡量。他吃的面包和新鲜水果由其他修道士从盐谷修道院带到他的隐修室，他整天都在祈祷，用棕榈树叶编织绳子和草席。尽管生活艰苦，但阿尔塞尼一直异乎寻常地守护着自己的孤独，整个一生只有很少的几个弟子。据记载，他曾试图向他的教会兄弟解释他离群索居的态度，他说："上帝已经知道我是多么爱你们所有人，但我发现，我不可能同时既和上帝在一起又和人们在一起，我想，我也不可能丢开上帝去跟人们交谈。"

他对社会交往的厌恶并不局限于他的修道士伙伴。当他的名声传播开来的时候，一个来自罗马的女人去拜访他，请求得到他的祝福。阿尔塞尼愤怒地回答道："你为什么来看我？难道你想把地中海变成那些来看我的女人的大路么？"最后，他同意为她祈祷，但不是她想要的那种祈祷。"是的，我会为你祈祷。我会祈祷把对你的记忆从我心里抹去。"他甚至拒绝了要他回罗马担任他从前的弟子、新皇帝阿卡狄乌斯（Arcadius）的精神顾问的要求。

尽管他受过良好的教育，精通希腊文和拉丁文，但阿尔塞尼始终觉得，相比没受过教育的苦修者，自己在诸多方面很贫瘠。有人问他，在罗马接受教育想必让他觉得很幸运。他谦卑地答道，他只希望更懂得"农民的字母表"。

公元 435 年，针对盐谷修道院的一连串袭击，迫使阿尔塞尼和其他沙漠神父放弃了他们的这块修道飞地。接下来的 10 年里，阿尔

> ### 圣马卡里乌斯修道院
>
> 圣马卡里乌斯修道院位于开罗以北的盐谷,公元360年由埃及的马卡里乌斯创建。从那时到现在,连续不断地有人住院修道。
>
> 这座修道院的核心信念之一便是:只有通过与世隔绝,修道生活才能充分实现。修道士们被鼓励离开修道院,冒险进入沙漠,生活在洞穴里,就像1700年前的沙漠神父们一样。
>
> 圣餐仪式一个礼拜只举行一次,这一点也反映了沙漠神父们的习惯做法。为了强化与世隔绝的观念,修道士们早晚两餐都是独自一人在各自的隐修室里用餐。这样一来,就不会互相影响彼此的独处。

塞尼一直生活在孟斐斯附近的一个隐修室里。他在那里一直呆到了445年去世,中间只有很短一段时间在亚历山大城附近的克诺珀斯岛上度过。

阿尔塞尼一生中有很多时间苦苦思考自己获得拯救的前景,常常公开为自己意识到的缺点而伤心落泪。他的一生是持续不断地祈祷和寻求宽恕的一生,但有一点很清楚,他相信,要想有希望实现拯救,有必要逃避这个世界,哪怕这个希望基本上要落空,并带给他很少的安宁。他毕生都在追求称义和宽恕,这证明他既不理解、也不愿意同意使徒保罗在写给加拉太教会的信中所提出的告诫:"我们因信基督称义,不因行律法称义。"(《加拉太书》第2章第16节)

第 2 章　孤独中的拯救：基督教隐士和苦修士

埃及的玛丽

尽管早期的基督教会完全是家长式统治，但到了中世纪，关于教会早期苦修士和隐修士的生平，很少有哪些记载像埃及的玛丽的生平那样广为人知，那样被人们热情地谈论。

玛丽在公元 344 年前后出生于一个世俗家庭，12 岁那年，她从家里跑出去了，在港口城市亚历山大做妓女。大约在 373 年，在经过 17 年漫无目标、令人绝望的漂泊之后，她得到了一张船票，那艘船运送朝圣者去耶路撒冷，参加光荣十字圣架节。然而，这次去耶路撒冷旅行，她本人的动机远远谈不上纯洁，因为她希望，在到达那里之后，她能够继续从事她早已轻车熟路的行当。

然而，在快到耶路撒冷的时候，她的目光死死盯住了一尊圣母玛利亚的雕像。玛丽出人意料地感到悲伤和悔恨，她请求人们允许她进入教堂。刚一走进里面，她就听到一个声音对她说：只要她跨过距离此地以东几公里的约旦河，她就能进入一片土地，在那里，她最终会得到灵魂的安宁。就在那天晚上，在约旦河畔的一座教堂里，玛丽找到施洗者约翰，受了洗，并领受了圣餐。第二天，她渡过约旦河，进入了沙漠，开始她的新生活，希望"像一粒西梅干那样把自己晒干"，以回应她已经意识到自己所处的那种道德堕落状态。

在接下来 47 年的时间里，关于玛丽生平的一些真实性可疑的记述说她过着完全与世隔绝的生活，仅仅靠浆果、枣子及各种不同的药草为生。公元 422 年前后，一个名叫佐西默斯（Zosimus）的修道士遇到了玛丽。她赤身裸体，皮肤被沙漠的太阳晒得黝黑。佐西默斯花了几天的时间听她讲述自己的经历，并在她的要求下，约定来年在同一地点再碰面，届时，他们将一起庆祝圣餐仪式。但这次会

35

面注定不会实现。玛丽的尸体被圣西里亚库斯（St Cyriacus）的两个弟子发现了，她的旁边写着一个请求：无论谁发现了她，就把她就地掩埋，埋在沙里。

人们普遍认为，关于她生平的记述，是附近一座修道院里的修道士们在公元500年之前撰写的。尽管有些人相信，这份文献是耶路撒冷主教圣索福罗纽（St Sophronius）迟至635年撰写的。在宗教艺术中，圣玛丽被描绘为有着长长的白色头发，她会在约旦河的水中洗自己的头发，或者只是坐在沙漠棕榈树下，凝望浩瀚无边的沙漠。她的画像甚至进入了欧洲一些最漂亮教堂的彩绘玻璃窗中，比如沙特尔大教堂，以及勃艮第的欧塞尔那幢气势宏伟的哥特式大教堂。

高柱修士

公元4世纪末，出现了一种传统：一些被称作"高柱修士"（stylite）的人把自己置于一个柱子的顶端，盘腿坐在那儿，与他们周围的那些人显著区别开来，在柱子上一呆就是几个礼拜、几个月，在某些情况下甚至是几年，为的是追求圣洁。很难理解，究竟是何种动机，导致人们追求这种古怪的苦修方法，倘若不是有大量第一流的目击记述，以及下面这个事实——这一传统一直延续到了10世纪，我们大概忍不住要不假思索地斥之为变态，甚或是神话。

最著名的、也是最早的高柱修士，是圣西门（Simeon）。他有时候也被称作老西门，以区别于6世纪一个也叫西门的高柱修士，他大约在公元390年前后出生于今天的土耳其，父亲是个牧羊人。小西门似乎天生就对上帝有一腔热情，到16岁的时候，他进入了附近一家修道院，但他的苦行方式被其他修道士认为太过极端，因此他被迫放弃。为了表示抗议，西门退隐到女人山上的一间棚屋里，他

第 2 章　孤独中的拯救：基督教隐士和苦修士

在那里呆了 3 年，为的是回应他声称听到的一个声音；那个声音告诉他，在寻求上帝的过程中，要比修道院提供的方式"挖得更深"。西门所不知道的是，他在女人山上的那段时期，导致他作为先知的名声迅速增长，到他离开自己的茅棚、住进附近一个很小的岩石缝隙里的时候，川流不息的信徒开始找他寻求忠告。西门相信，他被要求放弃自己的身体运动，于是他用链子把自己绑在一根柱子上，再把链子牢牢地拴在地上，直到安条克的主教下令之后，他才把链子撤掉了。信徒们继续找他，他很快就对接待来访者感到厌烦，开始想方设法重申他献身生活的途径。他所做出的决定，即便是按照公元 5 世纪的标准，也是新奇的。

西门决定自己建造一个像柱子一样的建筑，顶端有一个小平台，大概有一根护栏围绕着，以防止他在睡觉的时候掉到地上。他决定，要一直呆在柱子的顶端，听任其余的人在下面来来往往，一直到他死去的那一天。他的柱子没有屋顶，听任日晒雨淋。西门建了好几根这样的柱子，一根比一根高，最后引起了安条克教会长老们的注意。他们问他，他的行为到底是基于谦卑，还是基于骄傲。他们命令他从柱子上下来。他服从了，没有任何争辩，这证明了他的谦卑，他被允许继续呆在柱子上。然而，教会里有些人相信，他只不过是一个爱哗众取宠的人，不止一次威胁要革除他的教籍。

西门的第一根柱子大约有 3 米（10 英尺）高，但后来的柱子升高到了 6 米（20 英尺），然后是 11 米（36 英尺），最后达到吓人的 20 米（65 英尺）高。然而，不管西门把柱子建得多高，梯子和临时脚手架上那些同样坚定的狂热信徒还是拒绝给予他所寻求的安宁，柱子越高，聚集在下面的人就越多。最后，他开始对人们说话，解决纷争，为病人祈祷，他的名声传遍了整个罗马帝国，皇帝狄奥多西和利奥（Leo）都征求过他的忠告。不像早期教会的很多名人，只有当他们去世之后才有记述材料写到他们的生平，西门的名声是如此之大，以至于在他生前就有很多人撰写他的传记，其中最有名的

卡帕多奇亚的隐修士

如果说，曾经有过一个地方是专门为隐修生活方式而打造的，那么这个地方就是卡帕多奇亚。这个独一无二的地质学奇境位于土耳其中部，在它柔软的火山石灰岩基础上，挖出了数以百计的洞穴、安全区和小教堂，为宗教隐修士们提供了庇护之所。基督教很早就传到了这里，这一地区的居民当中，有早期教会中一些最关键的人物，其中包括尼萨主教（330~395）格列高里，以及他的兄弟、凯撒里亚主教（330~379）巴兹尔，他们经常被称作卡帕多奇亚之父，在这一地区不同修道团体的发展过程中起着至关重要的作用。基督徒在这一地区的定居几乎是连续不断，直至11世纪。

卡帕多奇亚地区岩石洞穴的结构暗示了这里的隐修士更多地带有修道和集体的性质，而不是隐居和独处，尽管很多没有公开宣布的隐士肯定会把他们的家安顿在这里。由发掘出来的长方形餐桌来看，修道士的数量大致从几个人到20来个，他们作为一个群体一起用餐。一些有雕刻的小壁龛暗示了保留给教会精英的位置，很有可能是修道院院长。超过600座小教堂和

是塞浦路斯的狄奥多勒（Theodoret of Cyr）在455年撰写的。

西门独自坐在他的柱子顶上度过了35年，直到459年去世。正是他的重要地位，使得他那个时代两座伟大的城市——安条克和君士坦丁堡，围绕应该由哪座城市来接受他的遗体，而开始了一场旷日持久的激烈争斗。

西门有很多仿效者，坐柱修行一直流行到公元7世纪，并在10和11世纪再度流行。今天，位于叙利亚阿勒颇市西北30公里（19

第 2 章 孤独中的拯救：基督教隐士和苦修士

教堂的墙壁和天花板上绘有精美的壁画，让人联想到 8 世纪和 9 世纪那些伟大的圣像画家们的作品，而且，这些教堂有那个时代所有的建筑细节，包括拱顶、立柱和三重凹殿。

千百年的风霜在卡帕多奇亚的软岩石中雕刻出的洞穴为基督教苦行者们提供了安全的庇护所。

英里）处的 5 世纪圣西门高柱修士教堂的废墟依然覆盖着西门最后一根、也是最雄伟的一根柱子的场地，其底座在教堂的中院里依然可以看到。

在坐柱修行的编年史中，仅次于圣西门的，是和他同名的修士小西门。公元 521 年，小西门出生于安条克，父亲去世之后，虔诚的母亲把他抚养成人。他在安条克长大成人，无疑很熟悉老西门的生平，也熟悉他首创的非正统修行方法。

小西门从早年起就决心追随老西门的足迹。当他还是个孩子的时候，他就走进了叙利亚的苍莽群山，与一个隐修者团体生活在一起。他们当中，有一个名叫约翰的高柱修士，开始在精神事务上训练他。西门在约翰的柱子旁边竖起了一根柱子，一直在那里呆到他

| 隐士的生活

母亲去世。在晚年写给一位名叫托马斯的同时代人、并被教会史家伊瓦格里乌斯（Evagrius）引用的一封信中，西门声称，在他失去自己的第一组牙齿之前，他一直坐在他的第一根柱子上。在接下来的68年里，他一直是个高柱修士，直至597年去世。当他在33岁那年被任命为牧师的时候，他拒绝为了仪式而走下柱子，迫使来访的主教爬上梯子，授予他圣餐。

对于高柱修士来说，有一种做法并不少见：当他们的名声增长的时候，便离开原先的柱子，搬到更大、更精美的柱子上去。小西门之前坐过几根柱子，在晚年的时候，他占据的那根柱子位于距离安条克城不远的一个山坡上，那座山后来被称作"奇迹山"。

像隐修士一样（他们经常与修士团体保持着必要的联系，尽管被封闭在本地修道院高墙之内的一个小房间内，参见第3章），高柱修士依然是他们的团体生活的组成部分，尽管他们把与世隔绝的状态强加给了自己。他们的榜样使得他们成为信仰的灯塔，无论是隐修士，还是高柱修士，都不可避免地被人找出来，请求他们调停，为病人祈祷，就当时的一些神学问题和争论发表自己的意见。具有讽刺意味的是，他们对独自呆着的渴望给他们带来了身份地位，而这种身份地位使他们紧密地卷入了本团体的日常生活中——不仅仅是他们所在的团体，偶尔还会是整个帝国。在给查士丁二世（Justin II）皇帝的一封信中，西门请求他答应保护圣地的基督徒，免遭本地撒马利亚人的袭击。他还写信给圣约翰·达玛森（St John Damascene），鼓励使用神像，并为此辩护。当时，教会正在围绕是不是应该允许这样做的问题而争得不可开交。他还是几首礼拜仪式圣歌的作曲者。

圣库斯伯特

圣库斯伯特是7世纪一个爱尔兰修道士，在英格兰西北部诺森

第2章 孤独中的拯救：基督教隐士和苦修士

伯兰海岸外的法恩群岛上作为一个隐修士生活了80年。他在634年出生于诺森布里亚地区，后来加入了今苏格兰境内的老梅尔罗斯修道院，并在651年被任命为修道士。664年，他成了这座修道院的副院长。676年，他在法恩岛上开始了作为隐修士的生活，并在684年被推选为林迪斯法恩的主教。福音传道者，管理者，隐修士，主教——在同时代人看来，这些职务，或者说，事实上是本教会宗教生活中的任何方面或职业，似乎没有灵活多变的库斯伯特所不擅长的。

当库斯伯特离开他的修道院生活，在法恩群岛中的一座小岛上成为一个隐修士的时候，那年他42岁。据他的传记作者、8世纪的历史学家和诺森布里亚修道士伙伴圣比德（St Bede）说，他带着极大的热情开始了自己的隐修生活。圣比德的《库斯伯特传》（*Vita Cuthberti*）描述这位圣徒积极投身于隐修生活的准备工作，他下定决心，要到一个更加遥远偏僻的小岛上去生活，因为他想效法他心目中的英雄——埃及的圣安东尼，后者在埃及的沙漠里寻找更加遥远的与世隔绝的地方。

库斯伯特在法恩岛上的住处肯定不是他在作为修道士期间所习惯的那种标准。圣比德描述他的住处是一个简单的圆形建筑，使用当地采掘的岩石混合草皮做成的，屋顶是用树枝和稻草做成的。它被分为两间房，一间做饭和睡觉，另一间用作祈祷和献祭。库斯伯特还给来访的客人建了一个住处，比自己那间大很多，然后围绕两个住处用石头和草皮修建了一道围墙。这样一来，他所能看到的一切便是天空。

有一眼很小的泉水给库斯伯特提供淡水，但恶劣的气候和贫瘠的土壤使得种植小麦变得不可能。他一年只有一次脱去长统靴，那是在濯足节，耶稣受难日的前一天。这时候，来访的修道士会找到他在岛上的隐修处，给他洗脚。库斯伯特变得越来越与世隔绝，他在法恩岛上生活了8年，逐步切断了与周围人的联系，最后只通过一扇很小的窗户与越来越多的来访者交流，他们来自不列颠各地，想寻求他的建议和忠告。

然而，库斯伯特并没有把隐修士的信念带向极端，而是把自己的小岛看作是一个朝圣和学习的地方。他还知道，主教的角色在等着他。他一生中两次有人预言，那是一个他注定要达到的职位。但库斯伯特在这片小岛飞地里给自己的灵魂找到了休息的地方。据说，在他离开法恩岛去开始他作为林迪斯法恩主教的新生活的那天，眼泪"从他的眼里夺眶而出"。然而，即便是作为主教，库斯伯特也总是祈祷上帝"能赐给我自由，大概不超过两年的时间，让我重新回到我早已习惯的安宁和孤独中"。

库斯伯特在 684 年被推选到林迪斯法恩主教的位置上，但到 686 年末，他又回到了法恩岛上他所钟爱的隐居地，687 年 3 月 20 日，他在自己的隐修室中辞别人世。

芬夏尔的戈德里克

在圣库斯伯特去世将近 4 个世纪之后，这位圣徒所留下的一笔持久而深远的遗产，可以在一篇传略中看到。这篇传略介绍的是一个品德有点可疑的云游者和寻求冒险者的生平。

大约在 1605 年前后，诺福克附近一个名叫沃尔浦尔的小村子里，一个男孩子降生了，父母没有什么特殊的社会地位。孩子的父母给儿子取名戈德里克（Godric）。历史会把他称作芬夏尔的戈德里克。

戈德里克长大了将成为一个小贩和商人，没有什么大的方向感或目标，但他所拥有的是对大海的持久热爱。他造了一条小船，跑遍不列颠诸岛做生意。法恩群岛和林迪斯法恩岛是这种航行必然要拜访的港口，戈德里克很熟悉圣库斯伯特的生平和工作。戈德里克

第 2 章 孤独中的拯救：基督教隐士和苦修士

林迪斯法恩和圣卡斯伯特的隐士岛

法恩群岛由将近 20 个小岛组成，距离英格兰东北部海岸的诺森伯兰 2.5 公里。最早在中世纪有一些被称作库尔迪会修士的修道团体在这些小岛上居住，公元 635 年，基督教传教士圣艾丹在法恩岛（这个小群岛中最大的一座岛）上建起了一座修道院。

法恩岛以及附近的林迪斯法恩岛上的修道士们过着几乎是隐士的生活，训练年轻人读写拉丁文，然后把他们作为传教士派出去，到不列颠各地宣讲福音。林迪斯法恩岛因为它漂亮的艺术品而变得广为人知，这些艺术品至今可以在保存完好的林迪斯法恩福音书的书页中看到，那是马太福音、马可福音、路加福音和约翰福音的插图拉丁文抄本，永久性地陈列在伦敦的不列颠图书馆里。

公元 793 年，残酷无情的海盗袭击了不列颠诸岛，最开始就是劫掠法恩和林迪斯法恩岛，迫使修道士们逃离了法恩群岛，并带走了圣卡斯伯特的遗体。

成了他那个时代最优秀的航海家和船员之一，他航行去了丹麦，并沿着法国南部海岸去了西班牙。有些历史学家认为，他甚至有可能就是臭名昭著的"古德里克"（Guderic），一位著名的海盗，1102 年曾运送耶路撒冷的鲍德温一世（Baldwin I，第一次十字军东征的英雄）去圣地。

正是在后来探访法恩群岛的那段时期，戈德里克声称他亲自"遇到"了圣库斯伯特本人——不是遇到了圣像或魂灵，而是遇到了活灵活现的真人。尽管 400 年的岁月流逝使得这样的遭遇不大可能，但它仍然生动说明了戈德里克经常穿梭于基督教朝圣传统中间——包括一次寻访使徒圣詹姆斯在西班牙孔波斯特拉的圣坛——并非对他毫无影响。戈德里克决心追随圣库斯伯特的足迹，成为一个隐修士。

戈德里克声称，圣库斯伯特允诺给他一个退隐的地方。1104年，他在坎布里亚修建了一个隐修处。在他一生余下的时间里，他拒绝穿鞋子，为的是纪念基督；因为他相信，基督在传道的时候是赤脚走四方，而且还在十字架上承受了钉子穿过他的脚。从坎布里亚，戈德里克又去了一趟圣地朝圣，然后回到了约克郡，在那里获得了一份小贩的职业，这样可以攒下一些钱，为下一次隐居提供经费。

1106年，他又一次在幻觉中看到了圣库斯伯特，这促使他去了一趟达勒姆附近的芬夏尔。在到达那里的时候，达勒姆主教送给他一小块地，他一生中接下来的60年便作为一个隐修士和预言家在那里度过，并通过预言海上船只的消失，与他的航海生涯保持着联系。他还预言了自己的死，死神最终在1170年找到他，那一年他105岁。他去世之后，他的隐修室便被一群本笃会修士所占据，这些修士来自一个跟达勒姆大教堂有联系的小修道院。

米雷的圣史蒂芬

在11世纪，整个法兰西和意大利对隐修生活的兴趣有一次引人注目的复兴，尽管任何试图估算人数的努力都受制于下面这个事实：不像修道院，隐修士们都不习惯于留下关于自己生平的文字记录，只有少数被封为圣徒的人，生平才被记录在案。然而，11世纪典型的隐修士并没有过着孤身一人的生活，而是忠实于正统的观点：隐修士应该是一个"荒野居住者"。他们所寻求的，是分离，而不是独居，一个隐修士与另外一两个隐修伙伴结伴隐居的情况并不少见。

第 2 章 孤独中的拯救：基督教隐士和苦修士

森林的诱惑

> 一个人在森林里比在书本里学到的东西更多。
> ——克莱尔沃的圣贝尔纳

在中世纪的英格兰，宗教隐修士在选择住处上似乎有很大的可选空间。有小修道院、大修道院、女修道院、孤岛隐修院和隐居修道室。那么，他们为什么如此不可阻挡地奔向森林呢？

在 12 世纪，三分之一的英格兰被大片的茂密林地所覆盖，给普通的修道士提供了他们所向往的荒凉和隔绝。对于任何一个想要追求独处生活的人来说，它们看上去想必就相当于草木茂盛的埃及沙漠。

据记载，一些隐修士们生活在塞尔比的柳树林里，以及环绕着哈佛拉的林地里。约克郡的大森林里有凯尔特的隐居修道者，遥远偏僻的亚耳河谷有隐修士。在北约克郡的克利夫兰山林中，隐居修道者过着远离尘世的生活，舍伍德森林无疑有修道士和隐修士们的一席之地。此外，还有一个隐修士/偷猎者，据说，当他的隐士棚在王室猎鹿期间被踏为平地之后，他曾经向爱德华一世国王吟唱了一曲当地的歌谣，为的是赎买他的自由。

这一时期人们对修道院生活有一些不满，尽管还远远谈不上有人曾经暗示的所谓"修道院危机"。更有可能，11 世纪出现的隐居生活的倾向，只不过是人们越来越多地同意：隐修生活是组织化的修道院生活之外的一个切实可行的选择，本笃会和加尔都西会对这一做法的鼓励，大概给这一认识带来了推动力。对世俗之人的教育，也开始被看作是一个修道士作为基督追随者的份内之事，修道士们开始丢下修道院的限制，去追求社会角色。

隐士的生活

这种新的、独立的接近隐修生活的途径，我们可以在米雷的圣史蒂芬（1045~1124）身上看到。他尽管是11世纪伟大的隐修士改革家之一，但经常被人们忽略了，以至于他有时候被称作"不被认可者的保护圣徒"。史蒂芬接触到了卡拉布里亚重新复活的隐修生活，并在11世纪末回到了法国中部上维埃纳的米雷河谷。当时，一些隐修士群体开始集体生活在偏远地区，远离常设教会的传统。

史蒂芬定居在森林覆盖的米雷河谷，把金合欢树的树枝绑在一起，搭成一个简陋的隐士茅棚。他以坚果和浆果为食，睡在一块木板上，就这样生活了许多年，直至一小群志趣相投的隐士在他周围形成了一个小圈子。他要求那些追随他的人应当追寻基督的足迹，成为所有人的仆人，甚至要"取木材、运肥料"。史蒂芬并没有试图建立一个新的宗教团体，他的兴趣似乎只是在不同的森林修道士团体之间促成一个松散的合作与互助网络。他似乎还有一种态度，最好是描述为不屑于修道院生活的诱惑，这种态度是健康的。他警告那些来找他的人，"除了十字架和穷困之外"，他们可能什么也找不到，跟修道院堂皇气派的围墙建筑里的美味佳肴比起来，他这里是一片"覆盖着畜群的土地"。

史蒂芬在米雷生活了许多年，与其他有志向抱负的隐修士分享他最隐秘的思想和智慧，尽管他没有留下亲手写下的任何文字。在他去世之后的那些年里，他的思想被他的追随者们记录下来，被称作《箴言集》（*Maxims*）。人们有时候错误地把创建格朗蒙隐修会的功劳归到他的名下，事实上，这个隐修会直到他去世多年之后才建立起来。

纳尔斯伯勒的罗伯特

1199年，法国中部利穆赞地区的沙吕－夏布洛尔城堡经受了一

第2章　孤独中的拯救：基督教隐士和苦修士

次相对轻微的围攻，围攻者是理查一世国王指挥的士兵。当时，国王没有穿盔甲，骑马来到城堡围墙附近，被一个孤身弓箭手射出的弩箭伤着了肩膀。国王起初拒绝治疗，但产生了感染，伤口出现了坏疽。4月6日，理查一世不治身亡，被安葬在安茹法国城的凤弗洛修道院。

就在他去世的时候，有一个隐居的骑士生活在约克郡尼德河畔纳尔斯伯勒森林中的一个山洞里。他化装成隐修士，为的是逃避国王的愤怒。当理查一世意外身亡的消息传到他那里的时候，他立即离开了他的洞穴庇护所，回到了家中。然而，在这位骑士看来是好消息，而对于一个名叫罗伯特·弗劳尔（Robert Flower）的想要成为隐修士的年轻人来说，却未必是什么好消息，他最近才刚刚在这位骑士的森林飞地里与他会合。

为什么要为修道院的生活而烦恼？

有一个11世纪的故事，讲的是一天夜里，魔鬼造访了一个修道士。魔鬼请修道士认真考虑一下，他究竟为什么要忍受每天的祈祷、守夜、斋戒和艰苦，而任何一个人，只要他在自己生命行将结束的时候抽出少许片刻，便可以要求并得到宽恕，并因此获得同样的永恒拯救，即使是最认真、最刻苦的修道士，他们渴望得到的，也不过是这样的拯救。

尽管这可能是魔鬼的又一次诱惑，但这个故事依然生动说明了很多修道士当时所面对的内心冲突。因为，在这个时代，独居生活（它天生就不用拘泥形式，摆脱了等级森严的秩序）被证明是正规化的修道院生活之外的一个越来越有吸引力的选项。

47

隐士的生活

1160年前后,罗伯特·弗劳尔出生于约克郡一个名门望族,在约克大教堂的学校里接受教育。他上学是为了当牧师,但刚刚做到副助祭的职位,他就开始重新思考自己的牧师职业,并决定加入新明斯特的西多会修道院。但是,年轻的罗伯特有一颗动荡不宁的灵魂,几个月之后,他便离开了修道院,寻求与世隔绝的隐居生活。正是在那个时候,他无意中发现了纳尔斯伯勒森林中那个隐居骑士的洞穴。

弗劳尔在他的新住处没有呆多长时间,刚刚适应他的新环境,骑士便得到了理查一世暴毙的消息,离开了他的山洞,大概还带走了他的很多财产——没有了这些东西,肯定会让弗劳尔的灾难雪上加霜。

弗劳尔后来写道,他立即经受了一次良心的危机:他没能成为一个牧师,抛弃了西多会的修道院(尽管他的传记作者声称,他在这样做的时候得到了圣灵的指导),而他自己如今也被一个隐修士所抛弃,而且到头来事实证明,此人根本不是什么隐修士。他感到沮丧,一时没了方向,突然间被迫自己照料自己,很有可能成为当时人们轻蔑地称之为"变质牧师"的那种人——一个背教者,一个人们避之唯恐不及的人物,一个宗教弃儿。

在《圣本笃规则》中,圣本笃把弗劳尔这样的漫游者称作"游方僧人","他们一辈子在不同的地区之间漂泊,总是在移动,不曾安定下来,是他们粗俗的意愿和欲望的奴隶"。要不是一位名叫朱莉安娜(Juliana)的寡妇及时干预(她在弗劳尔隐居的地方遇到了他,并提出在自己位于鲁德法林顿的庄园里给他一间洞室),弗劳尔恐怕就放弃了他的隐修生活,彻底淹没在历史中。

就这样,罗伯特·弗劳尔坚持了他的独居生活,最终将会被称作纳尔斯伯勒的罗伯特而名垂史册。他在鲁德法林顿留了下来,追求一种孤独的祈祷生活和日常劳作,耕种朱莉安娜给他的一小块地。他扶助无家可归者,给那些被社会遗弃的人以精神安慰,最后与地方当局发生了冲突,因为他被毫无根据地指控藏匿逃亡者和罪犯。

第 2 章 孤独中的拯救：基督教隐士和苦修士

刚毛衬衣：中世纪隐修士的服装

你应该穿刚毛衬衣紧贴着你的皮肤，你应该只喝水，你应该心平气和……

——马克·吐温：《王子与贫儿》（The Prince and the Pauper，1881）

一件普普通通的衣服被中世纪的本笃会修士和隐修士穿在身上，所谓的刚毛衬衣，就是用多刺的或肯定让人发痒的粗麻布或同样令人不快的动物粗毛制成的贴身内衣。刚毛衬衣被穿在身上，是作为对虔诚的一种帮助，作为一种苦行和自制的行为，它们所携带的，是一剂苦行象征主义的强力药。据记载，12 世纪的神父和宗教隐士芬夏尔的戈德里克和哈塞尔伯里的伍尔弗里克（参见第 3 章）都穿过刚毛衬衣。

它起初被称作 celices，源自于拉丁文单词 cilicium，意思是"一件山羊毛遮盖物"。刚毛衬衣常常被穿在外套底下，以避免虚荣的指控。有时候把细树枝或金属丝编织进或胡乱缠进衣服里，以增加穿衣人的不适。

然而，穿刚毛衬衣并不仅限于修道士和隐修士。圣哲罗姆曾经承认，很多有世俗地位的人也穿刚毛衬衣，作为矫治骄傲的一种手段。法兰克人的国王和神圣罗马帝国第一位统治者查理曼大帝穿着刚毛衬衣下葬，最后一次证明自己的谦卑。

他的隐修处在纳尔斯伯勒城堡总管的命令下被烧为平地，他被迫搬到了一个供奉圣伊莱斯（一位 7 世纪的希腊隐修士）的小教堂里，在那里住了很短的一段时间，然后便搬到了距离纳尔斯伯勒城堡不远的一个山洞里。他的余生一直在那里度过。

> 他进入了一个狭小的洞穴，
> 在那里，他带着深刻的虔诚
> 在沉思中爬进爬出，
> 像个天使一样度过自己的一生，
> 如此高贵，如此圣洁，以至于男女老少，
> 高低贵贱，都络绎不绝地去找他。
> ——亨利·德鲁里（Henry Drury）：《诗体圣罗伯特传》
> (*The Metrical Life of St Robert*)，1824年

为了扩大他的隐修洞——如果照字面理解"在沉思中爬进爬出"这句话，那么它很可能十分小——罗伯特在洞口处建了一个坡棚。最后，他的诚实、对信仰的虔诚和圣洁的名声开始吸引来自约克郡内外的来访者。他的善良深深打动了纳尔斯伯勒的居民，他们在"岩石与河之间"给了他一块地。他在那里建了一间很小的隐修室，尽管有历史记载暗示，他的整个余生一直睡在他的隐士洞里。

1216年，约翰国王在纳尔斯伯勒狩猎期间对罗伯特做过一次探访，不料受到了轻蔑的对待，还以轻蔑的口吻把他的世俗权力与上帝的全能权力进行了比较。约翰国王对他十足的勇气留下了深刻印象，于是便给了他16亩（40英亩）地。尽管有这块地的馈赠，还有从一座石头小教堂（那是在他弟弟沃尔特的资助下建起来的）里得来的一笔为数不多收入，但罗伯特的大部分收入似乎还是来自乞讨。许多年过去，他的隐修处发展到了包括几间外屋，客人的住处，一间厨房，以及一间餐厅。似乎还有一些证据表明，那个地方有一家医院。

罗伯特有本事让野兽安静下来，有记载说他曾经把野鹿驯化成了干活的牲口，他还能洞察未来。这些能力使得他在生前就几乎拥有圣徒一样的地位，以至于在他弥留之际，一帮西多会修士试图让他回到他们的修道会，但没有成功。罗伯特死于1218年9月24日。

第2章 孤独中的拯救：基督教隐士和苦修士

奥格尼斯的玛丽和伊普尔的玛格丽特

一些中世纪的女人也过着与世隔绝的精神生活，尽管她们更有可能以日常的方式来表达自己的信仰。奥格尼斯的玛丽（卒于1213年）和伊普尔的玛格丽特（1216~1237）都热情地信奉《新约》的告诫：分享基督的穷困。

中世纪隐修士洞穴的内部

中世纪英格兰大多数洞穴和森林隐修处的确切位置都不可考，但纳尔斯伯勒的罗伯特的洞穴被找到了，今天依然可以探访。

在纳尔斯伯勒与约克之间的A59高速公路旁，尼德河北岸格林达尔大桥附近，有一条翻修过的阶梯向下通到罗伯特的洞穴和隐修处的遗址。朴素的入口外面，是一条从周围的岩石上切割出来的长凳，残留的柱坑就是他用木料建造的藏身之处所留下的。这个洞穴深5米，宽2.4米，高1.8米。水从多孔的石灰岩壁上渗透进来。对于这位隐修士来说，这是个麻烦问题，他从岩石上凿出了一条很小的导水槽，用来排泄过多的水，这条水槽至今可以看到。

圣十字教堂的遗址也可以看到，罗伯特最早就长眠于此，他的埋骨之处只剩下一个轮廓。他的遗骨在1250年前后被一群三一会修士迁走了，他们在老教堂的遗址上建造了一座小修道院，并建造了一个神龛来纪念他。

一位隐修士在他的洞穴里接待一个来访者。有些隐修士，当他们圣洁的美名传播开来，恳求他的忠告的人越来越多的时候，他们总是极力维护他们的独处。

第 2 章 孤独中的拯救：基督教隐士和苦修士

尽管常常被说成是精神的隐士，但奥格尼斯的玛丽只是在麻风病人当中工作了 16 年并获得了大量追随者之后，才在比利时的奥格尼斯城寻求独居生活。她的名声先于她本人到达奥格尼斯，她的姐夫是那座城市的修道院副院长，而且不大可能允许她有太多的时间留给自己。玛格丽特在 4 岁那年被送到了一个女修道院，到 10 岁的时候，她独自进入森林，在那里鞭笞自己，甚至极力避开城镇和村庄，为的是在追求隐修生活时不被其他人看见。成年之后，她放弃了自己的所有财产，以便更好地理解和分担穷人的重负。

这两个女人奉献和服务的一生，都经历过完全与世隔绝的时期，并放弃了世俗生活的很多好处。

圣特雷登的克里斯蒂娜

说到女性隐修士，一个更极端的例子是圣特雷登的克里斯蒂娜（1150~1224），她过着一种非同寻常的、颇有争议的自我牺牲的生活。克里斯蒂娜出生于比利时的列日主教区，十几岁的时候成为孤儿，由两个姐姐抚养成人，22 岁那年，她突然患上了重病，周围的人都相信她死了。在随后的葬礼上她醒了过来，据说高高地漂浮在她的棺材之上，接下来向惊讶不已的人群详细叙述了自己与死神和来生的短暂遭逢。她讲到，天使把她从地狱和炼狱的深处带了上来，带到了上帝的宝座面前。克里斯蒂娜声称，上帝给了她一项任务，要她重返人间，开始一段受苦受难和自我牺牲的旅程。

尤其是，克里斯蒂娜觉得自己必须为那些被困在地狱和炼狱里的不幸灵魂忏悔。她放弃了自己所有的财产，放弃了自己的家。她想尽各种办法增加自己的痛苦，比如自投于火中。据历史记载，她在火中爆发出令人恐怖的叫喊，然而又奇迹般地出来，毫发无损。据当时的记述，她会猛地跳进湍急的洪流中，被冲到水车底下，还会跳进多刺的灌木丛中和冰冻的河水里。她声称能在人的身体气味中嗅到罪孽的气味，她甚至会爬上大树，为的是避免与人接触。她睡在岩石上，身披破布，并在墓穴中度过很长时期。她的同时代人奥格尼斯的玛丽对她颇有好感，她的支持者们把她的那些古怪行为看作是这样一种努力：为的是分担地狱和炼狱中的人的苦难。而另外一些人则认为她被魔鬼的代理人附体了，要不干脆就是疯了。

人们的看法尖锐对立，她与老家列日城的神职人员之间的关系也有点僵，以至于附近的圣凯瑟琳女修道院的院长不得不安抚本地社群，她声称，克里斯蒂娜一直听从自己的要求，是一个真诚地追求隐修理想的人。卢兹伯爵对她的评价很高，以至于临死的时候把她请到自己的病床前，听他忏悔自己的罪孽，尽管她没有任何权威提供赦免。她有时候被称作圣克里斯蒂娜或蒙福的克里斯蒂娜，她不知如何设法避免了严重的伤害，平安度过了漫长的一生。克里斯蒂娜1224年死于自然原因，享年74岁。8年之后，作家和神学家托马斯·康定培（Thomas de Cantimpre）撰文记述她的生平。

很难准确地判断如何给克里斯蒂娜归类。从21世纪的观点看，我们很难把克里斯蒂娜许多耸人听闻的怪诞事件归因于癫痫病。她给人们对她的看法带来了困惑，一些神经病学家把这看作是典型的癫痫病。就连阿尔本·巴特勒（Alban Butler）也在他的经典著作《圣徒列传》（Lives of the Saints）也拒绝认可她的工作的正当性。

理查德·罗尔

理查德·罗尔（Richard Rolle）是英格兰最著名的中世纪隐修士和他那个时代最多产的作家之一。他1300年前后出生于约克郡皮克林镇附近的桑顿戴尔村，在里沃克斯的西多会修道院接受了初等教育。在那里，他的学术才能引起了年轻富有的达勒姆大主教托马

第2章 孤独中的拯救：基督教隐士和苦修士

斯·内维尔（Thomas Neville）的注意，他随后资助罗尔进入了牛津大学，他在那里沉浸于宗教研究。

然而，罗尔并没有利用他的学术才能，作为谋取教职的进阶，他似乎对组织化宗教产生了一种合理的漠视，还有对隐修士生活经久不衰的好奇。对隐居生活的兴趣，究竟是如何排挤掉了通过学术进入教会所带来的好处呢？如果你考虑到14世纪的约克郡是培养隐修活动的温床，那么这个问题也就不难理解了。北凯夫、比斯顿、乌斯河牛顿城、刻伯顿和里士满等城市都有隐修士，而一些地名也暗示了隐修士的存在，包括：贝德尔附近的隐修地，基斯利的隐士洞，以及沃特利东南部的隐士山。波尔顿、拜兰、克雷克、瓦特、里克和东莱顿都有隐修士，还有很多定居的隐修士分布在整个约克郡辽阔的森林和林地里数以十计的洞穴和隐士棚。完全有可能，罗尔在动身去牛津之前，就已经遇到过一个或一个以上的约克郡隐修士。很难想象他能够避开他们，即便他想避开。

当罗尔在4年之后从牛津回到老家的时候，他用两个姐姐的几件衣服做了一件传统隐士袍。接下来，他离开了老家，前往附近的罗瑟勒姆。在那里，一个名叫约翰·道尔顿（John Dalton）的地主，也是他在牛津的一位要好同学的父亲，给他提供了隐修士的服装，于是，他开始在道尔顿的庄园里度过了一段为期3年的开悟和沉思的时期。在此期间，罗尔开始对他那个时代很多宗教机构表现出明显的厌恶，他宁愿追求灵魂自我发现的内心之旅。

几年之后，罗尔离开了道尔顿庄园，变得有点像游手好闲的流浪汉。他四处漂泊，云游八方，靠朋友和熟人慷慨提供食物和藏身之地，同时激励了英格兰北部很多隐修士像他所说的那样："独自与孤独为伴。"在这个漫无目标的漂泊时期，他一直在逃避游手好闲的指控，而且并不十分严肃地考虑过建立隐居室和认真布道的想法（尽管他似乎从未给上帝带来很多皈依者）——并没有多少证据表明他会着手撰写一连串的作品，而正是这些作品，给他带来了不朽的文学名声。

在 1335 和 1336 年，罗尔开始撰写一些非同寻常的《圣经》经文的评注，这些评注领先于当时好几个世纪。这些激动人心的神学见解导致一些学者认为，他很可能去过巴黎，在索邦神学院学习过。不管是不是离开过英格兰，1330 年代晚期，罗尔决定解释自己的漫游生涯。他在约克郡的里士满郡定居了下来，距离女隐士玛格丽特·柯克比（Margaret Kirkby，参见第 3 章）不远；今后他将会把自己的一些著作题献给柯克比，其中包括《生活的形态》（The Form of Living）。这是一部专门为她撰写的论述如何过隐居生活的专著。罗尔既用英语写作，也用拉丁文写作。他的英文作品主要是精神性的评注和论述道德的作品，包括《良心的代价》（The Price of Conscience），这是一首诗歌，论述的是天堂和地狱，以及生活的不可预知性。然而，他的阅读最广泛的作品是《爱之火》（The Fire of Love），这是一部强烈个人化的作品，记述了他的神秘旅程，以及他对上帝的孤独探寻给他带来的三次最重要的感受：甜美、温暖和天国音乐的声音。每当他吟唱"大卫诗篇"的时候，这样的声音就会陪伴着他。

尽管罗尔的作品缺乏他同时代人的那种典雅和风格，但它们表达了罕见深度的精神理解、洞察力和真诚。它们始终赞美基督教信仰的精神性和个人性，赋予这一途径以卓越的地位，远远超过接近信仰的集体途径——涉及神父和牧师——这是他那个时代宗教机构的典型途径。他的著作越来越反映了他的个人偏爱：倾向于隐修生活，而不是修道院的生活。对于接近明显属于集体的信仰，他所选择的孤身独处的途径，大概有助于给罗拉德派运动铺平道路。这一运动出现在 14 世纪中叶，为的是回应等级森严的教会。他的追随者们相信，基督所建立的真正的教会，即"被拯救者的教会"，以看不见的方式存在于信徒的心里，而不是存在于罗马的大厦、仪式和盛大的排场中。

第2章 孤独中的拯救：基督教隐士和苦修士

罗尔努力维护他的确信：孤独是基督教体验的核心。在这个过程中，他不断从他的隐修室撤退，位置越来越偏僻。他最后的岁月是在汉波尔的女修道院里度过的，在自己建造的隐修室里过着简朴的苦行生活。他开始憎恶贵族阶级的奢侈，完全退出了周围的世界。

一个14世纪的隐修士究竟意味着什么，罗尔改变了其定义。一个隐修士不再需要插手公共工作，只在本社群的视线之外祈祷。据罗尔说，隐修士不是兼职劳动者，也不是社会工作者，而是精神上的神秘主义者和教导者，负责带领追随他的兄弟们，更充分地认识上帝。

罗尔是幸运的，因为他是14世纪英格兰的一个隐修士。当时，隐修士被视为弱者的监护人，是顾问、圣贤和先知先觉的解梦者。他们在文学作品中被理想化了，在这些作品中，他们被赋予了数不清的人类美德。在亚瑟王传奇中，隐修士被描绘为关照骑士们的需要，并参与精神上的战斗，这样的战斗与英格兰战场上所看到的任何东西并无不同。

1349年9月29日，罗尔在他的隐修室中去世。毫无疑问，修道院的修女们围绕在他的身边，在她们的精神旅程中，罗尔曾给予她们很大的帮助，在他去世之后，她们把他奉为圣徒，正如西多会修士创作的下面这首诗篇中所声称的那样：

> 啊上帝，通过您最圣洁的隐修士理查德的榜样，教会了我们摒弃尘世的事物，带着一颗真诚的心，去渴求天国的事物，……凭借他功劳和他的祈祷，我们可以忠实地仿效他，并与他一起荣享天国至福的圆满和喜悦。

罗尔著作的抄本——大多写在羊皮纸上——可以在整个英格兰不下于50家图书馆中找到，还可以在英国和美国的私人收藏中找到，他的很多拉丁文著作都被翻译成了英文。

| 隐士的生活

弗鲁的圣尼古拉斯

15世纪一位著名的隐修士是弗鲁的圣尼古拉斯（Nicholas of Flue）。他1417年出生于瑞士的卢塞恩湖附近。这个农民的儿子后来进入了本地的议会，在他所在的翁特瓦尔登州成了一名法官。他曾对抗蒂罗尔公爵，到晚年他才认识到：战争天生就是不道德的，决不可能证明它的合理。

30岁那年，尼古拉斯结婚了，婚后育有10个子女。1471年，在征得妻子桃乐茜（Dorothy）的同意后，他离开了家庭，到附近的

隐修士与桥

在漫不经心的中世纪观察者看来，桥与隐修士似乎是天造地设的一对。

桥不仅给隐修士们提供了遮风挡雨的庇护之所，它们还经常坐落于繁忙的贸易通道上，这在一定程度上确保了来自路人的资助。像佛罗伦萨在13世纪横跨亚诺河建造的老桥这样一些桥，在它们建造的时候便吸引了很多隐修士，以至于有几个隐修士的隐修室被建成了桥拱基础的组成部分。然而，中世纪欧洲的很多桥，尤其是在农村地区，都是用木料建成的，它们很容易在洪水时期被冲走，或者干脆垮塌。隐修士们常常要充当这些桥的看护人，并领取固定的薪俸作为回报。在14世纪，有一个名叫杰弗里·德·博尔顿（Geoffrey de Bolton）的隐修士一直维护着南约克郡顿河上的一座桥，甚至获得许可征收过桥费，每辆马车收一个便士，以帮助支付正在进行的修补工作。

兰福特村外过一种沉思的生活。20 多年来，他一直在一间用树叶和树枝搭成的茅棚里，过着单纯而与世隔绝的生活，只穿一件隐士袍，即便是在最寒冷的冬天。在经历过几次幻觉之后，他成了一个启迪和智慧之源。1470 年，由于教皇保罗二世的祝福，他的隐居地吸引了来自欧洲各地的朝圣者。欧洲一些最有影响力的政治人物和宗教人物拜访过他，新教徒和天主教徒都很敬重他。

尼古拉斯死于 1487 年，1669 年由教皇克莱门特九世主持宣福礼。他的遗体被安葬在瑞士中部萨克瑟恩教堂附近的一座小教堂里。

阿拉斯加的圣赫尔曼

到 17 世纪中叶，欧洲各地不断增长的城市化导致政府和教会试图弄清数量越来越庞大的隐居修道者和隐修士。在那之前，他们一直生活在教会生活的既定边界之外，政府也对他们鞭长莫及。公众对隐修士的认识也在改变，正如这一时期的文学作品中可以看到的那样，这些作品不再把他们描绘为宗教人物。隐修士的世俗化和去神秘化开始了，那些想要过一种毫不妥协、无拘无束、孤独思考的生活的人，宗教人士也好，凡夫俗子也罢，都不得不生活在人们普遍接受的修道院传统之内，要么就到欧洲城镇及其日益增长的官僚机构的势力范围之外去建造自己的隐居棚屋。普普通通的隐修士，日益被教会势力和世俗势力所挫败，他多么想独自一人去斯普鲁斯岛，在沉思中打发时光。

斯普鲁斯岛是科迪亚克群岛中一个森林茂密的小岛，这个群岛一共有 30 座小岛，沿着阿拉斯加半岛南部海岸线延伸。尽管它的纬度偏北，但温和的洋流穿过太平洋向北流，这意味着水从不结冰。渔业和生态旅游业是这座小岛主要的收入来源，它的人口（约 230 人）主要由土生土长的美洲阿留申人组成。今天，进入这座小岛的唯一途径是通过直升机、船或水上飞机。外人不禁要问：那些出生在这里的人为什么选择留在这里？早在200多年前，就有人想从比较舒适的欧洲去那里，作为一个隐修士，在科迪亚克过上10个冬天。这个想法听上去似乎很荒唐，但那正是阿拉斯加的赫尔曼所做的事情。

圣赫尔曼（他出生时的名字没有被历史所记载）大约在1760年前后出生于谢尔普霍夫。那是一座古老的城市，有着悠久的宗教传统，位于莫斯科以南100公里（62英里）处。16岁那年，他进入了他的第一座修道院——芬兰湾附近的俄罗斯东正教圣三一大修道院，在那里呆了6年，然后便转到拉多加湖中维拉姆岛上的维拉姆修道院。拉多加湖是欧洲最大的湖，靠近圣彼得堡。

1794年，俄罗斯东正教会派出了一个传教团去阿拉斯加地区，这个传教团由8个修道士组成，其中就包括赫尔曼。他们（最后被称作"科迪亚克传教团"）的这趟旅行，是东正教会800年历史上路途最远的一趟旅行。

在抵达科迪亚克岛之后，修道士们不仅让土生土长的阿留申人皈依了上帝，而且还赋予他们一定的社会力量，这反过来导致修道士们与俄罗斯的毛皮商和海上贸易商发生了冲突。长期以来，这些商人就残酷地剥削阿留申人，几乎把他们当成了奴隶。在接下来的几年时间里，由于疾病、恐吓、威胁逮捕、糟糕的气候和船只失事，8个修道士中有7个人要么是死掉了，要么是回了俄罗斯老家。圣赫尔曼独自留了下来，实际上成了世界尽头的一个隐修士。

1808年，赫尔曼离开了传教团，发誓要在附近的斯普鲁斯岛上过隐修生活，他把这座小岛重新命名为"新维拉姆"。它茂密的云杉树林为他提供了保护，使他免遭恶劣天气的伤害；有一条小河穿过小岛的中心，给这位圣徒提供了连续不断的淡水。圣赫尔曼在一个用自己赤裸的双手挖出来的洞穴里度过了他在这座小岛上的第一个夏天。在距离洞穴不远的地方，还建了一个更耐久的隐修室，这是

第 2 章 孤独中的拯救：基督教隐士和苦修士

为他度过即将到来的冬天准备的。

在接下来 50 年的时间里，圣赫尔曼一直是斯普鲁斯岛上唯一的居民。他按照沙漠神父留下的优良传统，过着一种自力更生的生活，在菜园里种植卷心菜、马铃薯、南瓜及其他五花八门的蔬菜，他还用自己编制的藤条筐从大海里捞来海藻，给土壤施肥。当蘑菇在更暖和的月份从土壤里蓬勃生长的时候，他会把它们保存起来，这样一来，他可以一年到头享用蘑菇。他穿着用鹿皮做成的罩衫，上面披一件日阿萨（riasa）。这是一种传统的长袍，拖至脚踝，对很多俄罗斯东正教牧师来说很常见。一条很小的、覆盖着鹿皮的长凳充当了他的睡床，岩石裹上兽皮便成了他的枕头。他宁愿睡在一块实心木板而不是毯子的下面，以证明自己的谦卑。在最后一次虔诚的行为中，当他被埋葬的时候，遗体被安放在同一块木板上。

一些本地的阿留申人不可避免地形成了一个很小的弟子群体，他们把圣赫尔曼称做他们的"北极星"，以感谢他的精神培养，并把他称作阿爸（Apa）——这是阿留申人的一个亲切的称呼，通常保留给直系家庭的成员，当地人今天在谈到他的时候依然在使用这个词。有一次，一个来访的主教问他如何设法做到孤身一人生活在斯普鲁斯岛的丛林里，圣赫尔曼答道："我不是孤身一人。上帝在这儿，正如上帝无处不在。圣天使们在这儿。与谁交谈更好呢，与人，还是与天使？"但圣赫尔曼并不仅仅关注自己的精神性。为了当地阿留申人的利益，他建造了一座小教堂和一间小客舍，甚至还建了一所学校，同时兼作孤儿院，以满足一些忠诚的阿留申人的孩子们的需要，这些人常来看他。他与他们之间建立了引人注目的联系纽带。

圣赫尔曼死于 1837 年。今天的斯普鲁斯岛成了一个深受基督徒欢迎的朝圣之地。他们去那里探访这位圣徒的陵墓，回顾他为自己的信仰所承受过的艰难困苦，以表示对其人的尊敬，这个人将成为美国第一个俄罗斯东正教圣徒。

| 隐士的生活

萨罗夫的圣塞拉芬

  俄罗斯东正教会另一个 19 世纪伟大的隐修士是萨罗夫的塞拉芬（Seraphim of Sarov）。他 1759 出生于普罗霍尔·莫什宁，19 岁那年进入库尔斯克市附近的萨罗夫修道院，30 岁的时候削发为僧，成为一个修道士。当他那位伟大的精神导师帕科缪神父在 1794 年突然去世的时候，心烦意乱的塞拉芬从帕科缪的继任者那里获得了许可，退隐到周围的森林里，过隐修士的生活，抱着一个崇高的目标：要实现通常只有天使才具备的那种纯洁。这一地区的深谷大壑不仅给这位修道士带来了他所寻求的安宁和孤独，还让他能够在茂密的橡树、毛皮和云杉林中重新创造出属于自己的圣地。塞拉芬总是在一个被他重新命名为拿撒勒的地方阅读天使报喜的故事，在一个他称之为伯利恒的洞穴里思考救世主的降生。就这样，他从前觉得自己根本不可能亲眼看到的圣地，真实地呈现在他面前。

  每个礼拜六的夜晚，他都会回到萨罗夫修道院，准备第二天的圣餐仪式和晚祷。当这些事情做完的时候，他会步行回到他的隐修处，带着少量的口粮，供下个礼拜使用。塞拉芬作为一个隐修士的生活是一种典型的艰苦生活。他睡在一张石头床上，这些石头是他从附近的萨罗夫卡河中收集来的。在夏季的几个月里，他穿着简朴的无袖宽松外衣，但在冬天，温度远在冰点之下，他会穿上一件大衣，这算是很奢侈了。他冬天穿鞋子，夏天穿用桦树皮编制的凉鞋。为了努力限制与人的接触，塞拉芬有时候会用一块围巾遮住自己的脸，这样他就看不到那些来拜访他的人的脸了。

  1804 年，也就是 45 岁那年，塞拉芬遭到了一伙盗贼的袭击，他们错把他用作床垫的那一麻袋河石当作是一袋金币。在这次袭击之后，他走路的时候就再也离不开一根树棍的帮助。他用了 3 年的时萨罗夫的圣塞拉芬在俄罗斯的森林里作为一个隐士生活了许多年,他在那里创造了自己的"圣地"——用基督的故事中的地名给这些地方命名。

间，在隐修室门外的一块石板上连续不断地祈祷。接下来，又在与世隔绝的寂静中，独自一人在自己的隐修处呆了 3 年，拒绝每个礼拜回一趟修道院。1810 年，在修道院长老们的坚持下，塞拉芬回到了萨罗夫修道院。在那里，他把自己关在一间私室里，效法苦行生活的极端榜样，就这样又持续了 10 年。

当法国人 1812 年在拿破仑·波拿巴的指挥下入侵俄罗斯的时候，很多年轻人到全国各地的修道院里寻求庇护，以逃避征兵，萨罗夫修道院也不例外。塞拉芬似乎并不怎么鼓励他们开始修道生活，而是告诉他们，一个修道士必须面对很多考验。有趣的是，他甚至找机会劝阻他们不要过隐修士的生活。人们常常无意中听到塞拉芬说，魔鬼宁愿选择一个隐修士，而不是修道士，因为跟一个充满了从信徒集体中获得的力量的基督徒比起来，把一个孤独的基督徒领上歧途更容易一些。

1825 年，塞拉芬离开了修道院，回到了他的森林隐修地。他死于 1833 年，在他去世仅仅 70 年之后，于 1903 年被封为圣徒。

托马斯·默顿

到 20 世纪中叶，在战后的经济繁荣时期，有了消费主义的新宗教，宗教隐修士的角色便失去了它在过去几个世纪所享有的重要地位，并被认为是属于另一个时代的生活方式。因此不难想象，当一本论述孤身隐居的宗教价值的著作在 1948 年出版的时候，想必让人大吃一惊。它在这个世界的舞台上引发了一场轰动，在很短的时间内就卖掉了超过 10 万册，并嘲弄了出版商的谨慎决定：首印 7500 册。这本书就是《七重山》（The Seven Storey Mountain），是一个名叫托马斯·默顿（Thomas Merton）的年轻的特拉普派修道士撰写的自传。它的平装本最终销量远远超过 100 万册，被翻译成了 18 种不

第 2 章 孤独中的拯救：基督教隐士和苦修士

同的语言，而且至今还在印行。这本书及时回应了第二次世界大战带来的恐怖，它所针对的那一代人，正在一个被毁灭的欧洲寻求新的方向和新的目标，他们生活在核武器时代令人气馁的不确定中。隐修士的生活重新时兴起来。

1915 年 1 月，默顿出生于法国比利牛斯山脉的小城普拉德，父亲出生于新西兰，母亲是美国人。自上一年 8 月以来，法国与德国处于交战状态。托马斯刚刚 7 个月的时候，他的父母迁往美国，定居纽约市。1925 年，在母亲去世之后，他跟着父亲回到了法国，进入图卢兹附近的一所寄宿学校，后于 1928 年迁居伦敦。1931 年 1 月，父亲死于脑瘤，这一年的晚些时候，年轻的默顿到欧洲各地旅行。他去了罗马，在那里被宗教建筑的丰厚财富所打动，钉死在十字架上的基督形象让他深感震惊。他买了一本拉丁文《圣经》，一个晚上把《新约》通读了一遍，独自一人在这座永恒之城的一家小旅馆里，请求上帝进入他的生活。

1935 年，默顿回到了美国，进入了纽约的哥伦比亚大学，在那里研修文学，并加入了一个讨论小组。接下来，1937 年，他读到了埃迪安·吉尔松（Etienne Gilson）的《中世纪哲学精神》（*The Spirit of Medival Philosophy*）。正是这本书，给他那喜欢刨根问底、喜欢质疑的头脑，在智性意义上提供了一幅关于基督的图画。1938 年，他从哥伦比亚大学毕业，并在曼哈顿的基督圣体堂受洗。第二年，他告诉朋友们，他相信，他命中注定要成为牧师。他的一个朋友跟他讲到一群流亡的法国修道士 1848 年在肯塔基修建的一座特拉普派修道院。1941 年的复活节在那里的短暂逗留使得默顿相信，这就是上帝想让他安身立命的地方。

1941 年 12 月 10 日，默顿加入了盖特塞马尼修道院，并立即适应了修道院生活的刻板特性。在十几岁就成为孤儿的默顿看来，新的修道生活看上去想必十分令人欣慰。他还被鼓励追求他的写作，1944 年，他的第一本诗集《诗歌 30 首》（*Thirty Poems*）出版。他还利用空闲时间，开始在修道院的缮写室里撰写《七重山》。

1949 年，默顿被任命为牧师，并且由于《七重山》的大获成功，他正在成为美国罗马天主教会的标志性人物。然而，到 1950 年代晚期，他对修道院生活的某些方面感到很不舒服，并苦苦思考，一个沉思默想的修道士如何才能既忠实于自己的职业，同时又能就当时重大的国际问题和社会问题发出自己的声音。甚至早在 1945 年，他就愤怒地谈到，公众对丢在广岛和长崎的原子弹毫不知情，直到这件事情过去一段时间之后，才发现一些端倪。他还公开质疑，对于其他人所遭受的苦难，如果不告知导致苦难的那些事件，又怎么能指望人民为这些苦难而祈祷？

默顿对孤独思考的向往变得如此强烈，以至于到最后，就连修道院里的生活方式也不能满足他。1965 年，他获准搬到修道院地界内的一间煤渣砖砌的小屋里，正是在那里，他才找到真正的孤独感和安宁感。有一个烧油的炉子供热，小屋有一间厨房，一间有个写字台的起居室，屋顶上有一个蓄水池可以收集雨水，还有一个小门廊。这就是他所需要的一切。默顿渴望过这样一种隐修生活："与大自然有着简单而直接的接触，原始，安静，做一些著述工作，并保持上帝所愿意的接触。"

在他的小屋里，他在祈祷和思考中度过自己的时光，一直在发展对大自然的敏锐欣赏。他准确地知道有多少对鸟儿围绕在自己身边，总是有意在半夜里醒来，仅仅为了欣赏夜晚的寂静。寂静和对寂静的理解是默顿哲学的基石。他不仅把寂静看作是没有声音，而且把它看作是一种真空，声音从其中消失不见了。

在默顿看来，丛林中的生活是每天的耶稣显灵，是对这样一种生活方式的重新发现：除了这种生活方式之外，这个世界允许其他一切东西都悄然消失。隐士的茅棚不仅仅是通向上帝的一条管道，而且还是一个堡垒，可以抵挡资本主义以及它所导致的贪得无厌的竞争。仿佛正是 20 世纪的生活，使人们没有任何机会真正认识上帝,并清楚地认识到自己在上帝所创造的这个世界中的恰当位置。

在他生命中的最后两年时间里,默顿走遍美国各地,寻找新的隐修地,好让他越来越深刻地探索周围世界的奥秘,以及它与上帝之间的联系。1968 年,他去了亚洲,为的是对佛教密宗传统获得更贴近的理解。1968 年 12 月 10 日,在曼谷一个会议中心他的小屋里,默顿不幸触电身亡。

达里奥·埃斯科瓦尔

黎巴嫩的圣谷自公元前 3000 年来就一直有人居住,那些陡峭得不可思议的深沟大壑、洞穴和数不清的裂隙,在柔软的红色石灰岩峭壁上,被大自然鬼斧神工地雕刻了出来,自中世纪以来便给修道士和隐修士们提供了庇护之所。上升到超过 1000 米(3200 英尺)的高度,这些峭壁使这里成为黎巴嫩最深的峡谷。人们相信,这里是世界上修道院生活最古老的中心之一。1998 年,联合国教科文组织把这一地区建造的修道院集体列为世界文化遗产,其中包括 4 世纪的圣安东尼修道院,8 世纪的萨奇海修道院,以及 14 世纪的利沙海修道院(被加尔默罗会的赤脚修士所占据)。然而,在最近这些年里,特别是有一位修道士,得到了广泛的宣传,超出了其应有的份额,他就是哥伦比亚出生的达里奥·埃斯科瓦尔(Dario Escobar)。

1980 年代初,在美国完成学业并三次申请成为隐修士而遭到主教拒绝之后,埃斯科瓦尔便去了黎巴嫩。他作为一个修道士在黎巴嫩生活了 10 多年,直到 2000 年 8 月,他终于得到了来自黎巴嫩主教的祝福,过上了一个隐修士的生活。

现如今,他生活在一个 47 米(154 英尺)深的洞穴里,那里曾经是马龙派教徒的修道院,被称作霍克圣母修道院。这个洞穴修道院在 7 世纪被废弃了,只有从霍克村向下走数百级石阶,然后才能

| 隐士的生活

今天的修道士达里奥·埃斯科瓦尔为了过隐士生活而用了多年的时间争取许可，最后得到批准，退隐到黎巴嫩圣谷他的洞穴里。

到达那里。这个洞穴（埃斯科瓦尔在这里的时间是在祈祷和冥思中度过的）是如此偏僻，以至于他不得不保存食物和水供应，以防备天气恶劣的时期，附近的一座修道院没法给他送来吃的。

他遵循马龙派教徒几个世纪之前的惯例——每天只吃一顿，总是在天黑之后吃；每天夜里最多睡5个小时，睡在一块普通的木板上，一块石灰岩石头充当枕头。每天他会用3个小时的时间，侍弄隐修室外的一片小菜园，每天出外散步。但说到这个21世纪的宗教隐士的生活，最典型的莫过于祈祷。达里奥·埃斯科瓦尔每天要拿出14个小时，用来祈祷和思考。

尽管能说流利的阿拉伯语，但埃斯科瓦尔很少跟人说话。黎巴嫩政府最近大力宣传，说有一条"黎巴嫩步行小道"，沿着一条有数百年历史的古老小路通到圣谷。这意味着有越来越多的长途旅行者进入他那个与世隔绝的洞穴。

第 2 章 孤独中的拯救：基督教隐士和苦修士

阿布纳·阿卜杜勒·麦西哈

　　1935 年，埃塞俄比亚一个名叫阿布纳·阿卜杜勒·麦西哈的科普特派修道士徒步从他在埃塞俄比亚北部的老家动身，去埃及西部沙漠的边缘，在那里，他开始过一种让当年的沙漠神父们为之自豪的苦修生活。然而，在距离开罗西北 116 公里（72 英里）的盐谷地区的巴拉姆斯修道院与修道士们一起度过了 5 年之后，他得出了一个出乎意料的认识：这些修道士伙伴极大地分散了他追求圣洁生活的决心。于是，他离开了修道院，在附近的一个洞穴里过起了沙漠隐修士的孤独生活。但这个红尘俗世不可能完全置之不理，二次世界大战期间，埃尔温·隆美尔（Erwin Rommel）将军的机械化装甲师在试图抵达尼罗河的失败努力中穿过这一地区，试图说服他放弃他的洞穴，但没有成功。有一次，隆美尔的部队被击退，回到了的黎波里，开罗的英军指挥官表现出更多的理解，对二次世界大战可能给他造成的不便表示道歉。

　　阿布纳·阿卜杜勒·麦西哈想过一种完全的、毫不妥协的独居生活，他再也找不到一个比此处更有象征性的地方来过这种生活。数以百计的悬崖峭壁分布在整个盐谷地区，其中很多峭壁都带有历史和考古学证据，表明在公元 4 世纪，这里是世界上最大的"隐修热点"之一。麦西哈每个礼拜只有一次离开他的洞穴，步行 5 公里（3 英里），去巴拉姆斯修道院，拿食物和淡水配给。埃及的科普特教徒以他们艰苦的修行生活而闻名于世——即便在今天，科普特修道院也只有豆汤和面包——麦西哈当然也不例外。

　　科普特教徒为他们的历史关联而自豪，不仅跟沙漠神父们有关联，而且跟《新约》中的福音书也有关联。与《圣经》中耶稣幼年时代的事件最密切、最直接接近的信仰莫过于此。很多修道院声称，它们所坐落的地方，正是约瑟、玛丽和儿时的耶稣在逃往埃及时曾经停下来休息的地方。

麦西哈的洞穴（这里什么都匮乏），距离巴拉姆斯修道院的修道士们所享受的相对舒适的环境不过只有几公里，但科普特教派的修道制度允许其信徒去寻求他们自己的拯救，这里面没有任何矛盾。在巴拉姆斯修道院的高墙之外，每天夜里所发生的事都是有意义的，远远超过一个好人连续不断的信仰行为。当麦西哈站在洞穴之外，在赞美和崇拜中双掌向上、朝向天空时，他也就成了1600年修道传统的化身。这一传统曾经为世界各地基督教修道院的建立提供了基础，并一直延续到今天，鼓舞着人们。

理查德·威瑟斯

尽管曾经给4世纪的隐修士们提供庇护的洞穴和峡谷今天还在那里为隐修士们提供庇护，但21世纪的非正统隐修士所拥有的选择机会，他的前辈们恐怕做梦也想不到，比如在150万人的包围下忠实地过着隐修士的生活。

像一个在罗马天主教会被封圣的隐修士那样生活，要不是采用了"教会法典603号"的话，在今天是不可能的事。这部法典是1983年引入的，它使得主教允许隐修士居住在他们的教区之内。这是一项值得注意的教会立法，它一举复活了早期教会伟大的宗教传统。隐修士和隐居修道者——全都是古老的职业——又回来了，在现代世界里活得很好。理查德·威瑟斯（Richard Withers）便是一个这样的隐修士。

威瑟斯完全生活在天主教修道传统之外，生活在美国东海岸费城一个贫民区里，住在一间很小的联排式住宅里，那是他在1991年花1美元买下的。他是第一个被费城主教区认可的隐修士，他很感

第 2 章 孤独中的拯救：基督教隐士和苦修士

谢"教会法典603号"的制定者，让他能够通过独居、祈祷和苦行来侍奉上帝。尽管四面八方都是人、污染和嘈杂，但他坚持认为，这并没有影响他作为一个隐修士的生活，并承认自己有一种几乎"不间断的渴望"：想独自一人与上帝在一起。

威瑟斯每个礼拜为一家制造科学仪器的公司工作一天，以便挣到足够的钱来维持他的隐修生活方式，他把自己创造性的一面完全用于制作他所说的"修士陶器"。每个礼拜天，他都给费城北部圣玛拉基教区的会众烘烤圣餐面包。尽管并没有过着与世隔绝的生活，但他还是要遵循某些隐修传统，并被认为是教会的组成部分。他每天凌晨5点钟起床祈祷，定下用餐、研读《圣经》和冥思的时间，人们还期望他把本教区的居民包括在他的祈祷中。

有人想当然地认为，仅仅因为他生活在21世纪的一座现代都市，他的隐修生活无论如何都会被稀释了，这个看法也是一种误解。只允许他一年探访他的直系家人两次，根本不允许他拜访其他任何人，尽管没有任何强制命令阻止别人拜访他。他被禁止拥有汽车，不许在世俗工作场所每个礼拜工作一天以上。他没有电视，通过与周围人的交流获得新闻。

然而，奉献正是威瑟斯长期以来所习惯的东西。自1984年以来，他就独自一人生活，发誓要过一种圣洁、穷苦和服从的生活。甚至还在十几岁的时候，他就梦想在荒野里建造一间小屋。1990年代，他曾两度向教会申请当隐修士，但两次都遭到拒绝。尽管这多半是由于隐修士生活的默默无闻，以及那些已经城市化的主教们不愿意管理一种他们不再熟悉的生活方式。但是，被封圣的隐修士数量一直在增长。在今天的美国，大约有600个神职人员遵照"教会法典603号"，过着隐修士生活。世界各地有很多天主教徒过着隐修生活，却并不属于任何具体的宗教团体。

第3章 闭关：隐居修道者

> 于是，我看到他，我追寻他；我拥有他，我需要他。在我看来，这是我们所有人共同的体验。
>
> ——诺里奇的朱利安

在中世纪的英格兰，一个想要过独居生活的人有三个途径可供选择：加入一个像修道院或隐修院那样的隐修团体，成为一个隐士（尽管并非所有隐士都是宗教性质的），或者采取第三条、也是迄今为止最不流行的一条途径：成为一个隐居修道者。

隐居修道者（anchorite）这个词源自希腊文单词 anachorio，意思是"撤退或退隐"。Anchorite（男性）和 anchoress（女性）大多是虔诚的世俗之人，他们选择把自己封闭在一个狭小的私室里，被称作隐修室（anchorhold），通常是靠着一座教堂的外墙建起来的。他们没有移动的自由，通常呆在自己的隐修室里，与世俗社会完全隔绝，追求一种虔诚祈祷的、以圣餐为中心的苦行生活，直至离开人世。这是一种很少有人觉得必须去从事的职业。

它在1100年至1536年修道院开始解散之间的那段时期被人们所尊重，整个不列颠大约有超过600个隐居地，有将近800个男女隐居者——这很可能是一个保守数字。

在13世纪，紧接着第四次拉特兰大公会议（教皇英诺森三世在

1215 年召集的）之后，女性隐居修道者的数量有所增长，这次会议限制了女人可以合法追求的宗教途径。在整个中世纪，隐居修道的生活方式一直是宗教信仰的显著表达。尽管跟男人比起来，对女人来说尤其如此，男人有更多宽阔的途径，可以用来表达他们的信仰。随着新教改革在 16 世纪的出现，它不再是一种广泛的献身宗教的形式。

隐居修道者过着非常不同于隐修士的生活。隐修士完全为自己的幸福负责，他们可以到处走动，没有任何阻碍，可以自己照顾自己。隐修士更多地卷入他们所生活的那个社群的实际生活。比方说，一个隐修士可以找工作，修桥补路，收集赈济，或在医院里当志愿者，传播智慧，倾听病人和垂死者的心声。隐居修道者则很少被允许离开他们的隐修室，他们的生存完全依靠陌生人的慷慨和神职人员的日常支持。

强加给隐居修道者的与世隔绝，意味着他们的精神生活比中世纪隐修士的精神生活更加具有冥思苦想的性质。一旦隐居修道者进入了他们的隐修室，社会就认为他们已经死了，他们的小屋最终成为他们的坟墓。尽管这样的未来看上去似乎有些阴郁，但历史记录中很少有人抛弃自己的小屋，放弃自己的誓言。在萨里郡，14 世纪有一个女隐居修道者在经过 3 年的修行之后，离开了自己的隐居室，教会领导层立即命令她回到自己的隐修室，否则就处死她。偶尔，他们被允许从一间隐修室搬到另一间小屋，尽管这样的事需要本地主教的同意，但它代表了教会的一项重要迁就。这些迁移活动还需要一位石匠，在牧师的严格监督下，拆除隐修室那密封的、被抹上了灰泥的门道。

要成为一个隐居修道者，这条路并不轻松。首先必须得到当地主教的许可，还要得到与打算接纳此人的教会有关联的贵族的许可。他们的信仰，以及过去和现在任何宗教性的工作，都要进行严格的审查，为的是避免把异教信仰带入信徒所在的社群。隐居修道者不

| 隐士的生活

被视为制度化教会的组成部分，他们也没有体现在教会法中。然而，在城镇或社区有一个这样的隐居修道者被认为在精神上是明智的，而且，对于那些有财力这样做的人来说，出力帮忙，给这些"都市隐士"提供一笔收入，也被认为是有效的。在很少的场合，允许他们为了教学和派发赈济的目的而走出他们的隐修室；有时候，允许孩子们去拜访他们，为的是寻求宗教方面的指导。

隐居修道者并没有在严格的隐修意义上切断与这个世界的联系，但他们依然在自己的隐修室里过着实际上与世隔绝的生活。按照闭关仪式，在进入隐修室之前，会要求他们斋戒、忏悔，并出席最后的弥撒。他们常常会匍匐在祭坛前，穿着本笃会修士典型的黑色衣袍。一个牧师会给他们主持最后的仪式，仪式完成之后，隐居修道者会拿着一支点亮的蜡烛，走进他的隐修室，一队牧师和神职人员陪伴着他，随后他们会锁上门，就这样象征性地开始了这个闭关者的新生活。

哈塞尔伯里的伍尔弗里克

中世纪英格兰最有名的隐居修道者大概是哈塞尔伯里的伍尔弗里克（Wulfric）了。伍尔弗里克1080年前后出生于萨默塞特郡丘谷一个名叫康普顿·马丁的小村庄，他一直到比较晚的时候才被拉进了宗教生活。在此之前，他宁愿与威尔特郡德维里尔城的贵族一起从事体育运动，打猎赌鹰，搞社交聚会。直到30多岁，内心的改变才导致他被任命为牧师。1125年，他得到了一间隐修室，建在哈塞尔伯里·普拉克内特一座教堂的北面。很有可能，那是一座更早的教堂，就在当前的圣迈克尔教堂的场地上。尽管没有任何教会权威介入隐修生活，但他还是为了他想要成为一个隐居修道者的愿望，而从一群来自萨默塞特郡蒙塔丘特村的克吕尼会修道士那里得到了支

第 3 章 闭关：隐居修道者

隐居修道者

《女性隐居修道者指南》是 13 世纪的一份文献，是专门为女性隐居修道者写的，规定了一个隐居修道者应该如何行为，提供了一些指导方针，涉及到她期望居住的隐修室的尺寸和设计。通常，一间隐修室应该建在一座教堂的北侧，为的是尽可能更多地剥夺居住者的阳光。每间隐修室都有 3 扇窗户。其中有一扇被称作"客厅"窗户，向公众打开，好让人们能够探访她、给她送食物，以及在精神事务方面接受她的建议。这个窗户通常是 3 个窗户中最小的一个，因为它提供了与外部世界的直接接触。另一扇窗户通向隐居修道者在教堂内部的私人助手。第三扇窗户通向教堂，好让她能够领受圣餐，参与教堂的仪式生活。每间隐修室都有自己的祭坛，覆盖着白布，作为纯洁的象征，还有一个简单的十字架。

隐修室像它们依附的教堂一样，在规模上各不相同。大多数隐修室无疑是紧挨着教堂的墙壁修建的，这促使《女性隐居修道者指南》的作者把这些隐居修道者描述为就像"教堂屋檐下的猫头鹰"。有些早期的隐修室是用木料建造的，但大多数是用石头建造的。

有些男性隐居修道者，像理查德·罗尔，以及女性隐居修道者诺里奇的朱利安，都有自己的弟子，需要建造单独的住处，有很多记载描述过两层以上的隐修室。肯特郡的哈特利普有一间现存的隐修室，甚至有烟囱和壁炉。

一些并不附属于教堂的隐修室常常比较奢华，有很小的花园或庭院，甚至有过夜的客人。尽管这种奢侈只提供给男性，在某些情况下，甚至允许他们招待女性客人过夜。但在任何情况下，女性隐居修道者都不允许招待男性客人，对于行为得体的关切导致奇切斯特主教在 1246 年颁布命令："我们命令隐居修道者不得接待并容留任何一个可能成为丑闻主题的人。"

持。伍尔弗里克被封闭在他的隐修室里，当时并没有从事祈祷和思考，而是作为一个书籍装订者和抄写者来打发时光。他一直呆在自己的隐修室里将近 30 年，直到 1154 年去世。

伍尔弗里克的一生是艰苦修行的一生，尽管这对于他那个时代来说并不罕见，但他的贫困足以引起严格苦行的西多会修士的关注。这个修道会里出现了一个名叫约翰的修道士，他最终将会撰写伍尔弗里克的传记。在很长一段时间里，伍尔弗里克完全不睡觉，把自己浸泡在冷水里，并坚持吃素。他的衣服包括一件粗毛布衬衣和一件锁子甲无袖宽松外衣。正如大多数隐修士和苦行僧一样，来看望他的探访者来自英国各地，不过他的情况尤其幸运：征服者威廉的孙子亨利一世国王和史蒂芬国王先后探访过他。

关于他是否被正式封圣，历史记载并不清楚，不过这明显没有阻止他获得圣徒的头衔，这大概是由于他历代以来连续不断的声望。

威尔顿的夏娃

英格兰最早的女性隐居修道者是威尔顿的夏娃，1065 年，她 7 岁的时候进入威尔特郡的威尔顿修道院。夏娃非但不反抗父母把她放到一个虔诚的宗教环境中，反而十分喜欢修道院的生活。到她成年的时候，她渴望比修道院所能提供的更严格的生活，于是在 1080 年去了法国，在昂热过上了隐居修道者的生活。夏娃认为她的隐修室应该是一个私密而神圣的地方，她将在那里独自一人与基督和他的天使们一起用餐。隐修室还将充当她最后的坟墓，她将从那里重新开始永恒的生活。

第3章 闭关：隐居修道者

马克亚特的克里斯蒂娜

12世纪的隐居修道者马克亚特的克里斯蒂娜是一个关键性的人物，对那些追随她的人来说，也是一个鼓舞人心的人物。在她的自传《马克亚特的克里斯蒂娜传》（Life of Christina of Markyate，1150年）中，详细记述了她被母亲痛揍的经历，因为她拒绝向她的丈夫交出自己的童贞。克里斯蒂娜很早就发誓过独身生活，其目的是要当修女。为了逃离家庭，她在圣奥尔本斯一个很有魅力的修道士（我们只知道他叫做罗杰）的修道室里躲避了4年。在此期间，她经历了多次幻觉，看到了基督和圣母玛利亚，最后，罗杰把她称作"我的礼拜天女儿"。

克里斯蒂娜的丈夫最终解除了她的婚姻义务，当罗杰去世的时候，她成了那间修道室的唯一占住者，继续在那里生活了许多年，在受到约克大主教的保护之前，持续不断地处在对家人的恐惧中。1131年，她正式立下了誓言，并于1145年在马克亚特找到了一家小修道院，这家修道院与伦敦的圣保罗修道院有直接联系。

克里斯蒂娜生活的那个时代给渴望过隐修生活的女人提供了很多新的机会。她在罗杰的修道室里声称看到的那些幻象，究竟是真的，抑或仅仅是由于在一个寒冷而闭塞的环境中经受的极端困苦所导致的幻觉，这一点我们永远也不会知道了。尽管不是一个严格意义上的隐居修道者，但不可否认的是，她的一生代表了女人当中新近发现的独立性，这种独立正风靡12世纪的英格兰。在1130至1165年之间，全国各地建立的女性社团多达85个。这些社团帮助改变了英格兰的宗教面貌，为即将出现的很多女性隐居修道者铺平了道路。然而，隐居修道的生活方式并不局限于英格兰。

圣阿尔本的《诗篇》中第126首赞美诗的插图,这本书是为隐居修道者马克亚特的克里斯蒂娜撰写的。她决心过一种虔诚的宗教生活,这种决心激励了很多人。

休伊的伊薇特

伊薇特（Yvette，1158～1228）出生于比利时的休伊城，那是默兹河畔一个富裕的商业小城。伊薇特13岁那年结婚成家，有3个孩子，其中一个出生时便夭折了，她18岁那年成了寡妇。她出生于一个名义上的宗教家庭，一旦她的孩子达到成年，她便试图过一种隐居修道的生活，同时依然呆在家里。这最终被证明是不切实际的。她去了附近一家麻风病院工作，在那里，她在安排一个女修道院和小教堂的建立上起到了关键作用。正是在这座小教堂的旁边，她最终获准修建自己的隐修室。33岁那年，伊薇特搬进一间新的隐修室，在那里度过了她生命中的最后36年。她声称，她曾多次看到了圣母玛利亚和耶稣基督，并让她的父亲和她的两个儿子皈依了基督，安排他们被接纳加入一个西多会的修道会。到她1228年去世的时候，她已经建立了作为一个女先知和神秘主义者的巨大名声，并把她的隐修室的地位提升到了几乎相当于一个神圣的高度。

女性隐居修道者当中很少有人奢求女先知的头衔。在基督教中，成为一个先知在教会中所具有的分量，远远超过仅仅被称作一个能够洞察未来的人。预言能力不是算命或预测，而是圣灵的一项直接工作。然而，在《新约》中，接收幻象的能力并不总是伴随着解释的能力，常常要靠另一个信徒来解释一个先知所接收到的、常常是莫名其妙的幻象。伊薇特不仅能接收圣母玛利亚和耶稣基督的幻象，而且还能解释圣母玛利亚和耶稣基督，预言和解释的双重才能使她跻身于基督教先知的精英集团之内。

伊薇特的隐修室不过是一间封闭的陋室，当她接待连续不断的来访者的时候，她对本社群的影响也就变得十分深远了。这些来访者不仅有当地的神职人员和世俗之人，而且还有她曾经照料和服务

| 隐士的生活

过的麻风病人。

洛蕾塔和安诺拉·德·布劳斯

布劳斯的洛蕾塔（Loretta）和安诺拉（Annora）12世纪出生于一个富裕之家，父亲是男爵领地的拥有者。她们的哥哥贾尔斯（Giles）后来成了赫里福德的主教，而她们的父亲、七世阿伯加文尼男爵威廉·德·布劳斯是英格兰国王约翰的心腹知己。但这两个姐妹所获得的持久名声与她们的贵族血统没有多大关系。布劳斯的洛蕾塔代表了历史上唯一这样的实例：两姐妹都选择放弃她们的特权生活，过一个隐居修道者的生活。

洛蕾塔出生于1185年，1197年嫁给了博蒙特家族的继承人和四世莱斯特伯爵罗伯特·帕内尔（Robert Parnel），他婚后生活的大部分时间是在诺曼底跟理查国王及后来的约翰国王的军队打仗。洛蕾塔和罗伯特没有生孩子。罗伯特死于1204年，到1209年，德·布劳斯家族失宠于约翰国王，他们的土地第二年被没收了，这促使洛蕾塔被迫流亡。

1221年，洛蕾塔决定成为一名隐居修道者，并进入了坎特伯雷附近哈金顿的圣史蒂芬教堂的一间隐修室。在那里，可以通过她的两间房的隐修室的墙壁上挖出的一道狭缝看到弥撒；还在外墙上挖出了一个窗口，使她能够接待来访者。她开始被人称作哈金顿的隐士，探望她的人来自英格兰各地，甚至来自欧洲。大多数人会在往返附近的坎特伯雷大教堂的路上，绕道来到她的隐修室。这座大教堂只是最近才完成了一座圣坛，以纪念前坎特伯雷大主教托马斯·贝克特（Thomas Becket），他在1170年被忠诚于亨利二世国王的骑士所刺杀。接下来的46年里，洛蕾塔继续在哈金顿过着隐居修道的生活。她死于1267年。

第 3 章　闭关：隐居修道者

洛蕾塔的姐姐安诺拉出生于 1179 年前后。1210 年，她被囚禁在布里斯托尔城堡，因为紧接着她的家庭与约翰国王之间的纷争爆发之后，她试图逃到爱尔兰去。1214 年获释之后，她选择成为一个隐居修道者。接下来的 9 年里，她把自己封闭在牛津郡伊夫雷的圣玛丽教堂内。当她的丈夫、威格莫尔勋爵休·德·莫迪默（Hugh de Mortimer）在 1227 年去世的时候，亨利三世允许她从他们的泰特伯里庄园接受一笔收入，共 100 英镑，以帮助维持她在隐修室里的生活。国王还下令，给安诺拉供应几袋谷物，以及从本地橡树上砍下的木柴。她去世的准确日期没有被记录在案，不过，王室的这些慷慨恩赐及其他馈赠在 1241 年就停止了。因此有人推测，她是在这一年去世的。

虽说对安诺拉作为隐居修道者的日常生活我们知道的不多，但她在隐居修道者的谱系中是一个重要成员。著名历史学家 E. J. 多布森（Dobson）曾提出，《女性隐居修道者指南》很可能主要是为她写的。

科尼隆的朱莉安娜

13 世纪最有名的女隐士是科尼隆的朱莉安娜（Juliana，1192～1258），她曾作为一个隐居修道者度过了一段时间。朱莉安娜一生中有很多时间花在了发展基督圣体节上，这是一个纪念圣体的节日——尽管这个节日直到她去世多年之后，才由她从前的学生、隐居修道者圣马丁的夏娃确立下来。

朱莉安娜在列日附近的科尼隆修道院看护病人，1225 年成为这座修道院的副院长。在这些年里，她不断接收到这样一个幻象：一个明亮、圆满的月亮在高空中闪闪发光，它的正中间有一个黑洞。在一次幻觉中，基督告诉她，黑洞是缺失的圣体节，有朝一日这个

《女性隐居修道者指南》

这本 13 世纪的著名文献（作者未知）详细讨论了女性隐居修道者应该如何生活。这本书是用英语写的，而不是用更常见的法语或拉丁语。一些学者把它描述为有点像语言的"诺亚方舟"，在面对铺天盖地的法语和盎格鲁-诺曼语的影响时，保护了英语散文。

通过对文本内动词词尾的检查，以及几个威尔士语起源的单词的存在，人们相信这部文献的写作是在西米德兰，那是伍斯特附近的某个地方。历史学家 E. J. 多布森（E. J. Dobson）在他 1976 年出版的《〈女性隐居修道者指南〉的起源》一书中声

在《女性隐居修道者指南》中的这幅插图中，一位主教祝福一个女性隐居修道者，后者来到隐修室的窗前接受他的祝福。像大多数隐修室一样，它也是用石头建成的。

称，奥古斯丁修道会修士林根的布赖恩（Brian of Lingen）是这本书的作者。但另外一些学者提出了同样令人信服的理由，认为作者是一个多明我会修士。不管是奥古斯丁会修士，还是多明我会修士，总归是一个男性写的，因此不可避免地带有那个时代的偏见和歧视妇女的傲慢态度，比如说一个女人的身体是通向罪孽的"导管"，充满了各种与生俱来的恶。然而，与此相抵消的是，它也恳求女人不要放弃或拒绝她们的肉体欲望，而是要引导它们通向对圣三位一体的冥思和崇拜。

这本书起初是专门写给作者认识的三个贵族姐妹，书中的文字清楚地表明，作者很尊重她们："我所认识的女性修道者，没有一个比你们三个人更令人欣慰，更值得尊敬。"

本书有点直来直去的结构首先从一篇序言开始，序言勾勒了女性隐居修道者的外在和内在目标。外在目标聚焦于诸如祈祷、用餐、穿衣和日常仪式这样一些事情，内在规则涉及精神事务，以及不可言喻的心灵之旅，这些都是隐修生活的终极目标。这些提到内在和外在规则的内容，清楚地承认它参考了另外一本书，很多人把那本书视为《女性隐居修道者指南》的前身——《关于女性隐居修道者的指导》（*De Institutione Inclusarum*），这本书是里韦尔克斯修道院的艾尔雷德（Aelred）在1160至1162年间为他隐居修道的姐妹撰写的。

接下来，《女性隐居修道者指南》规定了每日祈祷和饲养宠物的规则，讨论了控制诱惑的方法，鼓励忏悔和苦行的观念。第七部分长篇大论地讨论了神圣之爱的重要性，隐居修道生活的终极目标正是神圣之爱，而不是忍受痛苦、匮乏和折磨。关于一个女性隐居修道者应该如何穿衣服，没有任何规定，尽管简单朴素是总的规则。书中持续不断地劝诫女性隐居修道者要"让自己保持忙碌"，她们有时候会从事针线工作，缝纫或修补教堂的法衣和穷人的衣服。

> 《女性隐居修道者指南》保存到了今天（全部或部分），是经由几个世纪传下来的 17 份抄本的复合传播。其中 4 份是法语，4 份是拉丁文，9 份是中世纪英语。最初的文献很可能随着女性隐居修道者数量的扩大而被反复传抄，甚至可能被她们自己所扩充。所谓的克里奥帕特拉抄本（现藏伦敦的不列颠图书馆）被认为是最早的抄本，它的旁注被抄进了后来的汇编本中。
>
> 《女性隐居修道者指南》持续让学者们为之着迷。它无疑是一份极有价值的中世纪文献，提供了一个宝贵的视角，让我们得以窥见 13 世纪的乡村生活，从走街串巷的货郎的工作，到骑士们的个人行为。具有讽刺意味的是，一本专门为隐居修道者撰写的宗教专著，却如此关注其周围社群的日常活动。

节日终会举行，朱莉安娜就是盛放圣体的容器。

从此之后，建立这个节日便成了她生活中的明确主题。接下来，她成了科尼隆修道院的院长，甚至说服伟大的神学家圣托马斯·阿奎那（Thomas Aquinas）创立一个职位来供奉圣体。最后，列日的主教被说服了，相信此事的价值，并命令他手下的主教们在每年的天主圣三节之后庆祝这个节日。不幸的是，还没等到他的命令着手落实，主教便去世了，朱莉安娜在有生之年看不到她的幻想和基督的愿望得以实现。

终其一生，朱莉安娜都有长期独居的倾向。在她还是个孩子的时候，她就有自己的祈祷室（一间专门用于祈祷的小房间），在她成为科尼隆修道院的修女时，她与其他的姐妹分开生活。像伊薇特的那些幻象一样，她所接收的幻象也类似于使徒先知的幻象，涉及严肃的神学问题和圣灵显现，而不是任意激动人心的事件的结果。朱莉安娜从未正式把自己作为一个隐居修道者封闭起来，尽管在列日的神学论战导致她被赶出她担任院长的那个修道院之后，她在隐居

第 3 章 闭关：隐居修道者

修道者圣马丁的夏娃的隐修室里度过了一段时间。她的反对者声称，她偷了修道院的资金。这样的污蔑诽谤对她有着深远的影响，导致她在罗伯蒙特和萨尔津尼斯的一连串西多会修道院里过着隐居生活，直到 1258 年去世。

在朱莉安娜去世之后，圣马丁的夏娃继续为确立圣体节而战斗。这一节日最终在 1264 年正式确立，在 1312 年的维也纳大公会议上，经教皇敕书的批准而成为一个普遍的节日。

诺里奇的朱利安

想要追求隐居修道生活方式的男性有几个可供选择的途径：进入一家修道院，成为一个隐修院的成员，或者加入一个像加尔都西会或嘉玛道理会那样的隐修团体。很少女人拥有追求隐居修道生活所需要的技能、教育、经济手段和社会地位，但那些表现出非凡的勇气和决心的人，留给了我们持久而强有力的信仰遗产。其中一位最杰出的隐居修道者便是诺里奇的朱利安（Julian of Norwich, 1342~约 1416）。

朱利安的真名早已湮没无闻，很有可能是因为她与本地教会的联系使她得到了朱利安这个名字。她是一个中世纪的神秘主义者和抄写员，通常被认为是一位隐居的本笃会修女，很可能在诺里奇卡罗小修道院里生活过一段时间。她今天之所以有名，是因为她那本富有灵感的《神爱的十六次显现》（*Sixteen Revelations of Divine Love*）。这是她在 1393 年经过大量的虔诚思考之后撰写的，那是在她重病期间从基督那里接受了 16 次显灵的 20 年之后。

在这些显灵之前，她的个人生活我们知之甚少，作者在这本书里没有提到自己的生平。人们普遍认为，它是第一本由一个女人用英语撰写的书，是一部有重大影响的宗教作品，解决了基督教信仰

| 隐士的生活

中一些最深远的奥秘，包括预定论、罪恶的本性，以及上帝对他的创造物的爱那不可估量的深度。有人把她的文字描述为被"浸泡在爱中"。如果你考虑到，它们只不过是一些个人的洞见和观察，从未打算出版，那它们就更加引人注目了。

在她一生的后期阶段，朱利安得到了教会的许可，把自己关进了一间隐修室里，这间小屋建在诺里奇的圣朱利安教堂的围墙之内。朱利安的助手住在她隔壁的房间里，负责购物、做饭和整理朱利安简朴的房间，好让她把所有的时间都投入到祈祷和思考中。

朱利安是在一个社会和政治正经历巨变的时期里写作的。对于欧洲来说，那是毁灭性的 50 年。黑死病最早出现在 1347 年，蹂躏了整个欧洲大陆，杀死了三分之一的人口，其中包括诺里奇（当时是英格兰的第二大城市）的一半人口。这种病在神职人员当中尤其猖獗，因为他们负责照料那些患病的人。接下来，一种主要以孩子为目标的有毒菌株出现在 1351 年。整个 1360 年代，各种农作物歉收，这导致农民造反和普遍的饥荒。1378 年的教会大分裂造成了政治和宗教的大混乱。当时，教皇的职位被乌尔班六世和克莱门特七世所瓜分，这些进一步凸显了朱利安的信仰。她抓住了提供给她的机会，在这样一个混乱无序、充满挑战的时代，培养和发展这种信仰，这不仅证明了自己的信仰和信心的力量，而且还反映了欧洲世俗社会更大的开放性。这种开放性在 11 和 12 世纪第一次展现出来，当时，欧洲社会已经转向基督教信仰的更加个人化的体验，这种体验独立于官方宗教。朱利安反复把上帝和基督称作"母亲"，她的语言导致某些人把她称作中世纪的女性主义者。尽管三位一体的女性方面自奥古斯丁时代（公元 5 世纪）以来，就已经得到了广泛的承认，然而，朱利安似乎进一步发展了"上帝仅仅创造生命"这个普遍接受的观点。她经常说到上帝对他的创造物的持续养育，其方式跟一个母亲养育她的孩子并无不同。

朱利安带进隐修室的那本《圣经》究竟是哪个版本，一直不是

诺里奇大教堂朱利安的雕像,她手里拿着一本书《神爱的十六次显现》,这是第一本由一个女人用英语撰写的书。

很清楚。拉丁文通行版并不常见，约翰·威克里夫（John Wycliffe）的中世纪英文版也是如此。然而，有一些证据表明，她能够得到并且懂得希伯来原文圣经，这大概是由于她跟亚当·伊斯顿（Adam Easton）交往的缘故。后者是一个牛津学者，是诺里奇大教堂修道院的传道士和修道士，以支持女性神秘主义者和幻想者而著称。

诺里奇的朱利安有两件事情很有名：一是她把一个人手掌里的榛果想象得类似于上帝所看到的地球的样子；还有就是她的口头禅："一切都会好起来，一切都会好起来，各种各样的事情都会好起来。"对她那个时代的苦难的这一回应，表达了对上帝的坚定信念，以及对人类精神最终胜利的坚定信念。它很可能源自《列王记下》第4章，这一段集中谈到了母亲，特别是一个无儿无女的女人，在向旧约先知伊利沙表现出殷勤好客之后生下一个儿子。当她的儿子死去的时候，她向伊利沙的基哈西询问儿子的健康。基哈西问她："你健康吗？"这个女人没有为失去儿子而悲伤，只是答道："平安。"朱利安活到了70多岁，这在她那个时代被认为格外长寿。至于她的死因，没有人知道。

朱利安坚定地相信上帝面对骇人听闻的人类苦难时那种与生俱来的仁慈。这一信念，加上她对罪恶那狡猾而微妙的本性的实用主义理解，表明她是中世纪真正伟大的宗教榜样之一。

玛格丽特·柯克比

1348年12月12日，埃格尔斯通修道院院长收到了约克大主教的一纸命令，叫他在东莱顿的一座小教堂里为一个名叫玛格丽特·柯克比的西多会修女举行一个闭关仪式。关于玛格丽特的早年生活，我们所知甚少。她很可能出生于约克郡的南柯克比教区，她的姓氏多半来源于此。使她与同时代其他女性隐居修道者区别开来的东西

第 3 章 闭关：隐居修道者

是：为她的隐居生活做准备的人是中世纪英格兰最著名的隐修士之一理查德·罗尔（参见第 2 章），他甚至为了教诲玛格丽特而撰写了两份文献：《戒律》（*The Commandment*）和《生活的形态》。

在东莱顿闭关隐居的一年里，玛格丽特患上了一种神秘的疾病，使她陷于几乎不间断的疼痛中，说话的能力也受到了限制。人们经常看见罗尔坐在她的隐居室的窗前，安慰她。他一直陪伴在她的身边，直至她的语言能力恢复。他向她承诺：只要他活着，疾病就再也不会来找她的麻烦。一年后，当她再次患病的时候，她请求派一位信使去附近的汉波尔修道院（罗尔生活在那里），向她的恩师报告：她的健康状态又回到了从前。几天之后，信使给她带回来一个消息：理查德·罗尔死于黑死病。

很少有（即便有的话）历史记载谈到一个女性隐居修道者经历过玛格丽特与罗尔分享的那种密切的私人关系。1357 年，她请求并获准把她的隐修室从东莱顿搬到安德比附近的一座教堂，好让她更有效地目睹弥撒仪式。她留在安德比又过了 20 年隐居修道的生活，然后获准离开她的隐居室。这一次她回到了自己的老家汉波尔城，据传说，她搬进了罗尔曾经住过的那间隐修室。

罗尔专门为她撰写了《生活的形态》，因此我们得以通过罗尔的眼睛，对历史上的玛格丽特·柯克比有了最接近、最详尽的观察。罗尔显然相信她的信仰是成熟的，这一信念是多年以来形成的，并不断得到增强。这导致他确信，玛格丽特在她的新行当里一定会成功。罗尔告诫她要警惕常见的陷阱，比如骄傲和精神懒惰，要避免暴饮暴食的诱惑，避免"纵容自己的肉身"，教她如何从恶中发现善的精神。《生活的形态》是罗尔送给他的朋友的分别礼物，她将从中找到鼓励、智慧、指导和力量——所有这些东西，她通常是从她所在的那个宗教团体获得的，可如今，她要永远切断与他们的联系了。它同时还代表了罗尔的一种致敬和承认：她如今完全有能力负责自己的精神发展，事实上，她不再需要他了。

玛格丽特·柯克比证明了，她将一辈子铭记理查德·罗尔。毕竟，罗尔去世的时候她还不到30岁，接下来，她用了50年的时光来思考他的教诲。在汉波尔，她致力于传播她的朋友和恩师的教导和原则。几乎可以肯定，她在某种程度上参与了罗尔的"神迹会"的组建，那是教会的一个委员会，通常是为了促成某个人被封圣而召集的。

玛格丽特·柯克比与罗尔的关系涉及不同寻常的亲密程度。两个人都是怪人，加上罗尔对神秘主义的兴趣众所周知，这使两个人都处在正统的边缘。说到中世纪一个隐修士和一个女隐士之间类似于爱情故事的那种东西，他们之间的关系究竟是不是我们所拥有的唯一例证，这恐怕永远只能猜测了，无论如何，这是一个争论未决的问题。玛格丽特·柯克比把自己关在汉波尔的隐修室里，一过就是20多年，大约1403年前后，她在这间隐修室里去世。

14 世纪的女性隐居修道者

当然，必定有无以数计的女性隐居修道者过着相对默默无闻的生活，历史没有告诉我们关于她们的任何事情，比如巴恩比的丹尼斯，克莱门特罗普的琼·斯佩里，汉波尔的玛格丽特·拉·波特勒，庞蒂弗拉克特的玛格丽特·马尔顿。通过历史传到我们手里的一切，常常只是登记册或遗物清单上的一个名字，因为到14世纪，全国各地的男女隐居修道者和隐修室都是由教区行会和富裕家庭的赞助在财务上提供支持。例如，在1370至1440年间，约克郡的约克市有半数以上的市长批准过把金钱和财产遗赠给隐居修道者。在这一时期，来自不同宗教家庭的捐赠，也并不是什么罕见的事情。例如，约克郡庞蒂弗拉克特的圣海伦小教堂在整个13、14和15世纪给一连串的女性隐居修道者提供了财务上的支持。

在13和14世纪，过虔诚的宗教生活是女性获得某种自由的一个途径。借此，她们可以参与一些原本跟她们无缘的活动，比如读书写字。

| 隐士的生活

今天看来，隐居修道者的生活过于艰苦，与世隔绝得令人难以忍受，但在14世纪，一个女性隐居修道者从中可以得到份额合理的好处。她们的膳食有人提供，根据一年的不同时间和宗教季节，每天一餐或两餐。此外，在她们的隐修室之内，她们拥有完全的自治权，这对于一个中世纪的女人来说是一种罕见的体验，她们用不着参与比如读书这样的智力活动。在很大程度上，这种活动只有当她们具有一定的拉丁文知识时才有可能，但是，女性隐居修道者人数的增长导致了对本地语言写成的宗教文献的更大需求，她们能够更好地理解这些文献。这导致了一批新书的涌现，很不幸，几乎完全是男人撰写的。这些书按照通常的模式化角色来描绘女性隐居修道者，她们承载着家庭生活的重负，为周围那些人享有她们所假想的自由和财产而自怨自艾。不消说，这些文字，无论是作为智力产品，还是作为宗教文献，都没有多大的价值。

各种不同的宗教文献都详细讲述了一个女性隐居修道者所要面对的艰难困苦。《圣徒列传》的一个早期译本讲到了很多女性隐居修道者所感受到的懊悔，一方面由于自己不能养活家人，另一方面也由于她们需要克服一种深刻的被遗弃感，尤其是当隐居修道生活从几个月过渡到几年的时候。12世纪一篇寓言性的布道详细讲述了女性隐居修道者在平衡诸如恐惧和乐观这样的情绪时所遇到的困境。

前面提到的《女性隐居修道者指南》甚至列举了女性隐居修道者应该如何战胜一些跟她们的世俗姐妹一样的日常焦虑，抱怨食物的质量和数量，以及拿自己的仆人撒气。书中警告女性隐居修道者，不要向男人提建议，要避免卷入城里的流言蜚语。诸如此类的约束肯定会让她们的影响力受到限制，防止她们对既定的男性宗教统治阶层构成威胁的任何可能性。

第3章 闭关：隐居修道者

托马斯·帕金森

托马斯·帕金森（Thomas Parkinson）1489年出生于约克郡的瑟斯克，父亲是当地的司法长官，长大后成为一个学徒裁缝。他结婚成家，妻子名叫阿格尼丝·霍利维尔（Agnes Hollywell），从很多方面看，他都注定要过一种完全可以预知的、毫无意外的生活。

然而，1510年，悲剧发生了，当时，阿格尼丝产下了一个死婴。在中世纪的英格兰，死婴的神学身份非常不确定，由于教会拒绝给他们施洗，甚或拒绝面对他们的遗体举行临终祈祷仪式。由于孩子的尸体不能施洗，埋葬在教堂的墓地就不可能，托马斯和阿格尼丝被迫把他们的孩子葬在附近一块地里一个很浅的墓穴里。几周后，目击者声称，一只乌鸦在啄食大雨过后被暴露在外的婴儿尸体。托马斯和阿格尼丝把这看作是他们的婚姻不被上帝认可的迹象，于是决定分开，作为宗教隐士过独身生活。阿格尼丝加入了克莱尔苦修会，托马斯进入了附近里士满市的一家方济各会修道院。

托马斯被证明很擅长过修道生活，没过多久，他便获准离开修道院，搬到瑟斯克郊外一间狭小的隐修室里。但是，就连修道室那艰苦、狭窄的限制也被证明不够严酷。托马斯要求有机会过隐居修道者的生活，瑟斯克人满腔热情地给他提供了一个住处：他们新建成的教堂南门廊上方的一个房间。

瑟斯克的圣玛丽教堂始建于1420年，建在一座更早的诺曼人的教堂的遗址上，它刚刚完工。它是垂直式的哥特式教堂的经典样板，基础结构在几个世纪的时间里只经历了很少的改变。它建在一块高低不平的地面上，这导致了异乎寻常的斜屋顶，高度从东到西不同。那座24.4米（80英尺）高的钟楼依然保留着一个大钟，上面有拉丁文铭文："这座耶稣钟建造于1410年。"这里第一次历史性地提到

| 隐士的生活

教堂是在 1145 年，当时，它被捐赠给纽堡的奥古斯丁修道会。

有一次，瑟斯克的居民以书面形式向本地的大主教承诺：他们会负责养活新的隐居修道者。有一个闭关仪式，这之后，托马斯便被关进了他的隐修室里。

这不是一间典型的隐修室。房间除了北面外，其他几面都有窗户。大多数隐修室都故意修得很小，朝向北边，顶多只有一两扇窗户，缺乏光线，这被看作是苦修所必需的。在托马斯的隐修室里，每扇窗户甚至都有一个靠窗的座位。橡木横梁支撑着木屋顶，这个单间的面积是 4.4×3.5 米（11 英尺 6 英寸×11 英尺 6 英寸），这是一个按照隐居修道者的标准来说十分宽敞的、几乎是又大又深的空间，尽管它似乎既没有厨房，也没有厕所。

在瑟斯克刚刚住了两年之后，托马斯搬进了一间新的隐居室，位于格雷斯山中加尔都西会的一所修道院的上方。他在那里得到了亨利八世国王的妻子、阿拉贡的凯瑟琳王后的资助。他究竟如何设法得到了这一资助，历史上没有记载，但它肯定是有利的，因为进入加尔都西会的修道院的许可是很多人梦寐以求的，如果没有可观的财富或影响力很难获得。阿格尼丝几年前去世了，由于没有孩子，托马斯在这个世界上真正成了孤家寡人。他在格雷斯山上过了 20 年孤独的隐修生活，直至 1539 年，根据 1536 年颁布的《第一压制法案》（*First Suppression Act*），修道院被解散。

托马斯被迫离开了格雷斯山，成了一个乞丐，在不同的城市之间漫游漂泊，试图找人赞助他当隐居修道者，但毫无希望。整个英格兰对修道生活的压制导致隐居修道者成为过去的老古董。1552 年，托马斯重操旧业，再次成为一个裁缝。他搬到了什罗普郡，与伊丽莎白·罗姆尼（Elizabeth Romney）结了婚。不料出人意外地找到了一个赞助人资助他的隐修生活，此人便是斯塔福德郡的司法长官托马斯·菲茨赫伯特（Thomas Fitzherbert）爵士。在与伊丽莎白做好了恰当的安排之后，托马斯在 1558 年重返他的隐居修道生活。

现存的隐居修道室

英格兰诺福克郡金斯林的万圣教堂拥有一间罕见的、完好无损的隐居修道室。不同寻常的是，它紧挨着教堂的南侧，而不是更常见的北侧。据说，它是英格兰现存的唯一一间朝南的隐居修道室，曾经是中世纪几个女性隐居修道者的家，几乎不间断地从12世纪一直延续到16世纪，其中包括伊莎贝拉和乔安娜·凯特菲尔德，她们都在中世纪的遗嘱中提到过。在13世纪，一种接近"隐修精神"的新途径被卡尔梅勒会修士从圣地带回了英格兰，他们当中有些人就定居在金斯林，他们很有可能给万圣教堂的女性隐居修道者们提供了灵感。

达勒姆郡的切斯特街教堂有一间双层隐居修道室，建在教堂的西北角上。主室的面积为5×3米，有两间外室，各3平方米。上层一间小卧室有一个斜孔小窗，可以看到教堂的祭坛。这间隐修室在中世纪之后被用作济贫所，今天是教堂锅炉房底层房间的一部分。

格林顿（斯韦尔代尔附近）的圣安德鲁教堂有一间单层隐居修道室，是在15世纪末添加的。房间很小，只有3×2米，有搭建粗糙的拱顶天花板。它高高的窗户可以透进足够的光线，却看不到街道，这间隐修室没有传统的客厅窗户。最令人惊奇的是，有一扇橡树门，直接通到教堂的祭坛，这一特征在英格兰几乎没有先例。它暗示了，这间修道室可能是为一个牧师修建的，他渴望过隐居修道的生活，但还要继续履行他的牧师职能。

| 隐士的生活

> 紧挨着奇切斯特的圣母礼拜堂的北墙,是一间隐居修道室的遗址,奥尔德灵顿的教区长和多明我会修士威廉·博勒（William Bolle）在这里居住了很多年,而苏塞克斯郡刘易斯市的圣约翰教堂至今有一块碑刻,提到了一个名叫马格努斯（Magnus）的贵族隐居修道者。

倒霉的是,他最后一次突然进入隐修生活有了一个意外的结局,第二年,在一次具有讽刺意味的转折中,玛丽·都铎（Mary Tudor）登上了王位,教士结婚变得不合法了。到这时候,托马斯已经70岁,他遭到审讯,被发现违犯了教会法典,他被关进大牢。托马斯·帕金森悲剧性的、总是倒霉背运的生活,至此便从历史记载中消失了。有人猜测,他死在了监狱里。

隐修生活的衰落

在16世纪早期的那几十年,由于新教改革,罗马天主教会由教士代表个人向上帝求情的做法失宠了。当通过私人祈祷向上帝求情成为信徒自己的责任时,教堂便不再提供隐居室作为庇护所,而且,隐居修道者的数量也开始下降。随着英国的修道院在1530年代晚期的解散,很多隐修室被摧毁、封死或改作其他用途,比如用作小礼拜室或小教堂。

到19世纪,公众对隐修生活已经彻底陌生,作家维克多·雨果（Victor Hugo）在他的经典小说《巴黎圣母院》（*The Hunchback of Notre Dame*）中以一种格外超然的方式描写了隐居修道者的动机："在马蹄下……你偶尔可以遇到一个地窖、一个坑洞、一间被堵死并围着栅栏的小屋,从它的深处,一个生灵自愿致力于某种无休无止的悲叹……日夜不停地向上帝祈祷。"

然而，隐居修道的生活方式经受住了时间的考验。1983年，教皇约翰·保罗二世对教会法典做出了一些修改，罗马天主教会再次承认，隐居修道生活是一种献身宗教生活的合法形式，尽管依然极其罕见。千年之后，隐居修道者终于在教会法典中拥有了合法的身份，就像修女、修士以及其他为了遵循信仰的命令而牺牲世俗生活的人一样。一个当代例证便是纳萨雷纳（Nazarena）修女，她出生于康涅狄格州，作为一个隐居修道者住在罗马的卡玛尔迪斯修道院，直至1990年去世。她在那里过着绝对与世隔绝、寂静无声的生活。

第4章 冥思苦想的生活：社群中的隐士

> 只有当我孤身一人，我才真正地生活。只有当我孤身一人，我才与自己同在。只有当我孤身一人，我才离上帝更近。
>
> ——保罗·朱斯蒂尼亚尼

基督教修道生活的观念发展得很慢。直到公元3世纪，那些选择追随基督足迹的人所能做到的，顶多不过是加入一个信徒团体，就像《新约》使徒保罗的信中描述过的科林斯、安条克和以弗所的那些迥然不同的团体。直到公元4世纪初，也就是距离人们普遍接受的四福音书写作年代270年之后，最早有记录的修道院才开始形成。

修道士（monk）这个词源自希腊文单词monachos（单身、独居），被用于那些选择过一种有信仰的苦行生活的个人，涉及拒绝物质主义和某些世俗的享乐，为的是解放心灵，更充分地理解上帝，并生活在与上帝的结合中。这一观念可以在大多数西方宗教中找到，在希腊文中，一个修道士既可以是男性，也可以是女性，尽管在英语中，monk保留给了男性苦行者，而nun（修女）则用于女性。

修道生活的实例最早出现于埃及。公元320年，帕科缪在塔比尼西创建了一座修道院，他是着重于社群的修道生活方式的创始人。修道士们把独居生活看作是不必要的艰苦，宁愿过一种更具组织化的信仰生活，涉及共同祈祷的方法，对食物的分享，以及对修道院院长的严格服从。修道士生活在20来个人组成的小社群中，两三个人住在一间被称作修士室（cell）小房间里。

西方最早的修道院

西欧最早记录在案的修道院是图尔的马丁（Martin）于公元360年前后在法国普瓦捷附近的利居热建立的。马丁在罗马军团服役之后皈依了基督教，并在北意大利的米兰建立了一个隐修院，然后便去了利居热。在372年被任命为图尔主教之后，他继续在法国下莱茵地区的马尔穆捷创建了一座修道院，这座修道院也成了他的住处。在这之前，意大利很可能建立了一些修道中心，因为埃及沙漠修道士的追随者早在340年就到达了罗马，但出自这一时期的记录太不靠谱，太简略，不可能作出明确的认定。

大约50年后，神学家和修道士约翰·加西安（John Cassian, 360~435）在马赛创建了两座修道院。加西安出生于罗马－保加利亚边境的小锡西厄，那里位于多瑙河与黑海之间。还是个年轻人的时候，他就跟姐姐和杰曼努斯（Germanus, 后来成了圣杰曼努斯）一起去耶路撒冷旅行，之后去南方旅行，在伯利恒郊区的一座修道院里度过了5年。从那里，他去了埃及，加入了沙漠神父的行列，那是一场比西欧的修道院早100年的修道运动。加西安和杰曼努斯花了7年时间，跑遍了埃及沙漠的隐修社群，遇见了各种不同的苦行者，吸收了他们的生活方式。整个这一时期，加西安作了很多笔记，记录了他所遇到的那些人的言论和见解，整个过程最终成了他的著作《沙漠神父谈话录》（*Conferences with the Fathers*）的核心。接下来，他和杰曼努斯回到了伯利恒修道院，过了3年完全与世隔绝的生活。

| 隐士的生活

加西安的文学遗产

约翰·加西安卷帙浩繁的著作给西方基督徒提供了清晰的洞察，使他们认识到应该如何理解圣经文本、祈祷，以及追求隐修生活的所面对的艰难困苦。《沙漠神父谈话录》读起来就像一系列交谈，话题的范围从纯洁性和语言的正确使用，一直到忏悔、斋戒和一个人在修道生活中所经历的不同层面。他还详细叙述了他从393年至399年在埃及的亚历山大城与沙漠神父们一起度过的时光。

《修道生活的基本原则》(The Institutes of Cenobitic Life) 写于417年至419年之间，讲述了他在埃及和巴勒斯坦各地所遇到的修道士们的日常生活，从他们所穿衣服的类型，以及个人如何被接纳进各种不同的修道团体中，到修道生活的一般原则。

399年，加西安去君士坦丁堡旅行，接着去了罗马，在那里，教皇英诺森一世请他在法国南部的马赛创建一个修道士团体。加西安于415年抵达马赛，创建了两座修道院，一座用于男人，一座用于女人。男人的修道院被称作圣维克多修道院，公元8世纪被入侵的撒拉逊人摧毁，11世纪得以重建，在16世纪进入一个持续衰落的时期，最终在1739年被教皇克莱门特十二世解散。如今的圣维克多教堂就是它今天残留的部分。尽管加西安从未被正式封圣，但格列高里一世无疑认为他是一个圣徒，伟大的宗教法规专家和经院哲学家纪尧姆·德·格里默阿德（Guillaume de Grimoard，后来的教皇乌尔班五世）也这样认为。

然而，通常被视为西方修道传统创立者的是努尔西亚的圣本笃（St Benedict, 480~583。译者注：原文如此，这应该是错的，圣本笃卒于547年），他是一个罗马贵族的儿子。大概在20岁出头的时候，他便放弃了在罗马的特权生活，带着一个仆人去了附近的安非德镇，过起了隐修士的生活。在安非德的一连串奇迹使他名声大噪，这导致他抛弃了他的仆人，独自去了苏比亚科城，在阿尼奥河畔的一个洞穴里生活了3年。短短几年的时间里，他创建了12座修道院，由此产生了本笃会，最终有了嘉玛道理会。他死在卡西诺山修道院，被安葬在他姐姐圣思嘉（St Scholastica）的旁边。

到7世纪中叶，一位爱尔兰修道士高隆邦（Columban）把《圣本笃规则》（一部论述修道士应该如何生活的宗教著作）带到了法国。718年，一位英格兰修道士波尼费斯（Boniface）为本笃会扩大到斯堪的纳维亚和东欧铺平了道路。正是波尼费斯，为基督教在德意志的传播打开了大门，当时，在弗里茨拉尔，他砍倒了一棵据说属于挪威神祇托尔的橡树。

这一时期，修道生活方式在不列颠诸岛有了一个据点。教皇格列高里一世把修道士派到了那里，于公元6世纪末在坎特伯雷创建了一座修道院。在7世纪晚期，诺森布里亚主教圣威尔弗里德（St Wilfrid，634~709）在意大利各地旅行，把修道的很多信条和规诫带回了不列颠。然而，在9世纪，海盗的一连串入侵摧毁了不列颠的很多修道团体。直到10世纪，本笃会修士圣唐顿（St Dunstan）到达不列颠，追求宗教生活的修道途径才得以复活。到1066年，将近有40座自治的本笃会修道院散落于整个不列颠诸岛。

自公元320年的帕科缪以降，这些人所代表的有信仰、有勇气的生活，在基督教修道制度的早期传播中起到了关键性的作用，他们全都具有苦行理想的特点：献身上帝，致力于拯救人民，过于苛刻的苦行，持续不断的祈祷，纯洁，独身，静默，有信仰。

艾赛尼派：犹太教的"光明之子"

尽管基督教是从犹太教的传统中脱颖而出的，但犹太教并没有轻易接受隐修生活。不像基督徒，犹太人并不相信原罪的观念，亦即这样一种信念：世界是邪恶的，所有生于这个世界的人都是作为"罪孽的奴隶"而出生的。犹太教的经文不支持人的身体天生不纯洁、这个世界天生邪恶的观念。

在犹太教内，苦修方法过去乃至至今依然被视为既违背上帝寄予人民的愿望，也违背他对社群的强调。犹太人并不相信人的身体堕落了，在犹太教的经文中，或者说在犹太人的《塔木德经》中，根本没有这样的神学要求：为了追求肉体或灵魂的仪式纯洁，应当寻求独居的生活。犹太人并不相信撒旦的存在，并认为这个世界本质上是善的。然而，这并不是说在犹太教的世界里，没有人选择过隐修士那种与世隔绝的生活。

艾赛尼派是第二圣殿时期（公元前164年~公元70年）最神秘、在历史上被误解最多的犹太教群体之一。罗马哲学家约瑟夫斯（Josephus）在他的历史作品《犹太人的战争》(*The Wars of the Jews*) 一书中最早提到这一教派。艾赛尼派是一个哲学性质的和宗教性质的犹太人团体，它们与那个时代另外两个犹太人团体（撒都该人和法利赛人）有很多一样的价值观和习俗。艾赛尼派遍布于朱代和叙利亚的城镇和乡村，人数多达数千人。他们越来越自视为犹太教内的精英，常常称自己是"光明之子"。他们相信，他们很快就会参与一场40年的战争。这场战争将涉及7次大的战役，针对的是完全不同的以色列之敌，他们被统称为"黑暗之子"，而且，这场战争将以犹太民族反抗压迫取得重大胜利而告终。

然而，就他们对犹太人日常生活的影响而言，艾赛尼派无疑是撒都该人和法利赛人的穷亲戚。他们在哲学上与占支配地位的法利赛人站成一条线，但他们依然排斥法利赛人（因为他们

第 4 章　冥思苦想的生活：社群中的隐士

根深蒂固的堕落），同时也排斥尊重法律的撒都该人。在远离这两种互相竞争的传统之间的政治内讧、寻求宗教纯洁的过程中，他们选择了退隐，并在死海西北岸建立了一个团体。

罗马作家和哲学家、约瑟夫斯的同时代人老普林尼（Pliny the Elder, 23~79）在他对艾赛尼派的隐居生活方式和接近宗教生活的途径的描写中，无心插柳地开创了一个漫长的传统。从此，历史学家们声称，艾赛尼派是后来几百年里逐渐发展起来的更组织化的基督教修道团体的先驱，艾赛尼派的大多数人愿意选择不结婚，为的是追求圣洁。耕田种地、冥思和祈祷成了他们的标志，每个人都在他们推选出来的长老监督下，为了社群的福祉而一起工作。他们对寺庙精英的警惕，也将在 4 世纪和 5 世纪的基督教隐修团体中得到反映。因此，完全有可能，公元 1 世纪基督教社团的一些早期领导者曾经与艾赛尼派打成一片，他们共同鄙视耶路撒冷既定的宗教秩序。

在圣殿于公元 70 年被罗马人烧毁之后，关于艾赛尼派的情况我们几乎一无所知。那是针对一次失败的犹太起义的残酷报复，几乎可以肯定，有很多艾赛尼派参与了这次起义。要不是因为一群贝都因牧羊男孩 1947 年在死海岸边的一个洞穴里偶然发现了著名的库姆兰死海古卷的话，"艾赛尼"这个名称，以及艾赛尼派在犹太教思想和基督教思想的发展中所扮演的角色，恐怕早就被世界遗忘了。最初 7 份完好无损的古卷的发现，引发了长达 10 年的搜寻，最终在总共 11 个洞穴里找出了数千件古卷残本及其他人工制品。

不管是不是艾赛尼派撰写了这些古卷，它们都激发了学术界的强烈兴趣，要弄清楚艾赛尼派的生活方式。有人认为，透过死海古卷所提供的窗口可以窥见艾赛尼派的生活。但这个假设是危险的，尽管学术研究暗示了库姆兰文献很可能是一次更广泛的艾赛尼运动的一个分支的成员撰写的。多亏了约瑟夫斯、普林尼和那个时代另外一位伟大的犹太哲学家和学者斐洛·尤迪厄斯（Philo Judaeus）——主要是在他的著作《凡行善者，均得自由》（*Every Good Man Is Free*）和《为犹太人辩》（*Apology for the Jews*）中——我们所知道的是：艾赛尼派在很多方面是后来的基督教隐修团体的先驱。他们只从自己收养的孩子当中接受新成员，经过为期两三年的严格考察并庄重宣誓之后，才能进入宗教等级序列。所有食物都经过清洁仪式，禁止与外人交易。艾赛尼派穿白袍，生活在与世隔绝的小社群中。他们相信灵魂的不朽和仪式性的洗礼，厌恶拥有所谓的"奢侈品"，比如油和丝绸，拒绝参与当权的祭司在圣殿里供奉动物献祭。

艾赛尼（essene）这个词的起源很大程度上已经迷失在历史的长河里。斐洛·尤迪厄斯推测，它可能源自希腊文单词 hosios，意思是"圣洁的"，尽管大多数现代学者相信，它来自古老的阿拉米语表示医治者的单词。人们经常推测，《新约》中最著名的隐修士/先知施洗者约翰可能来自艾赛尼派，尽管除了一些碎片之外，《圣经》和历史文献中并没有更多的证据支持这一理论。然而，施洗者约翰和艾赛尼派都相信，仪式性的洗礼是信仰的外在标志，而且无疑会把沙漠看作是一个退隐之地，为了宗教纯洁的目的。然而，尽管他们都相信上帝的王国即将在人间实现，但艾赛尼派所相信的那个世俗的上帝王国，与约翰所相信的那个王国很少共同之处。在约翰看来，这个王国就性质而言是精神性的，而不是这个世界的王国。然而，约翰担任先知的那个短暂时期想必让他走遍了艾赛尼派发挥重要影响的各个中心，他肯定认识艾赛尼派的牧师，反之亦然。

关于艾赛尼派的重要性，人们的意见也是众说纷纭，莫衷一是。有些学者认为，他们不过是一个微不足道的小团体；而另外一些人则同意，他们的虔诚可能在基督复活之后的那些年里给最早的基督教团体提供了种子——正如路加在《使徒行传》中描述的那样。真相很可能就潜藏在中间的某个地方，他们是一个小小的宗教苦行团体，他们认识到，已经到了这样的时候，应当脱离那些严厉苛酷的、与他们的信仰脱节的机构，选择在一心一意追求圣洁的过程中避开他们的世界。

第4章 冥思苦想的生活：社群中的隐士

斯凯利格·迈克尔岛

隐修生活方式的表达，随着它所传播的文化和地域的不同而不同。在爱尔兰的教会里，几乎从一开始，隐修士就是常见的一幕，爱尔兰的教会有一种特别强烈的渴望：要仿效沙漠神父们所代表的苦行水平。

在公元7世纪，斯凯利格·迈克尔岛上发展出了一个小规模的隐修士团体。这个陡峭、多石的小岛，在13世纪的德国文献中被说成是这样一个地方：圣帕特里克曾经在这里跟那些给他的家乡带来瘟疫的大蛇作最后的战斗。今天，它依然留有一座在欧洲最有名、但最少有人探访的修道院，尽管那里的隐修士充其量不过12个，但主事的院长任何时候都生活在岛上。然而，他们这个团体独一无二的方面，并不是这个偏僻小岛所提供的与世隔绝的、令人深刻印象的背景，而是他们所建造的住处。

在紧挨着斯凯利格·迈克尔岛的最高点，隐修士们挖出了一小块高地，由一道外墙所环绕，他们就在那些蜂窝状的、被称作"石屋"（clochan）的住处，过着一种极端苦行的生活。这些圆形的小屋在当时的整个爱尔兰西南部都很常见，用一块块扁平的、雕凿过的石板建成，石板环环相扣，一直上升到突起的屋顶。尽管它们从外面看是圆形的，但内部是长方形，有睡觉的地方，嵌在岩石墙里，其外部很可能覆盖着草皮，提供十分需要的温暖。岛本身有一个类似金字塔的形状，从大西洋的海水中陡峭地升起，这些小屋沿着几近垂直的峭壁而建，与下面的海水有几百米的落差。天然水井为修道士们提供淡水。

这座小岛多次遭到海盗的袭击，但幸存了下来，尽管这个修道团体在812年遭到洗劫，825年再次遭遇洗劫。具有讽刺意味的是，海盗奥拉夫·特里格瓦松（Olav Tryggvason，后来的挪威国王）在斯凯利格·迈克尔岛由居住在那里的一位修道士施洗。大约公元 1000 年前后，这座小岛上增加了一座小教堂，而在 12 世纪，修道士们决定搬到大陆上的奥古斯丁修道院去，于是，这座修道院便废弃了。斯凯利格·迈克尔岛一直荒芜，直至 16 世纪，开始有少数朝圣者探访。

斯凯利格·迈克尔岛上的蜂窝形石屋属于爱尔兰早期苦修传统最引人注目的遗存。今天，依然有 600 级台阶，带领你走近 6 间幸存下来的小石屋，以及两间祈祷室和一连串很小的石头梯田——曾经被隐修士们用来栽种蔬菜，以补充他们为数不多的鸟蛋和鱼。

本笃会

从 9 世纪中叶至 14 世纪中叶的那段时期，在欧洲被称作"本笃会时代"，所谓的"黑衣修士"们的修道院和小修道院遍布整个欧洲大陆，到 16 世纪中叶，据计算，欧洲有大约 37 000 个本笃会修道中心。从 816 至 819 年，在一位很有影响的修道院院长阿尼亚讷的圣本笃（750~821）的主持下，召开了一连串的本笃会大会，制定了相关的法规，使得本笃会修道制度在未来几代人的时间里盛行整个欧洲成为可能。在 16 世纪快要结束的时候，本笃会成了在西欧占支配地位的宗教团体，修道士们的生活遵照《圣本笃规则》，这些原则是公元 6 世纪初努尔西亚的圣本笃在他论述宗教生活的著作中制定的。

尽管本笃会修士坚持修道院生活，但在任何一个想过隐修生活的团体之内，总是有一些特殊的规定，或者，用本笃会修士们那令人印象深刻的语言说："全副武装从兄弟们的战斗阵线中走出来，投入沙漠里的孤独战斗。"尽管圣本笃反复强调社群的重要性，但还是有很多个体黑衣修士的例证，他们宁愿过一种隐修生活。"医院殉道

第4章 冥思苦想的生活：社群中的隐士

《圣本笃规则》

> 我们希望这部规则在本团体中被经常阅读，这样一来，就没有一个人能够以不知道为借口了。
> ——《圣本笃规则》第66章第8节

自350年前后这份文献在卡西诺山修道院（圣本笃在上一年创建了这家修道院）被称作《圣本笃规则》以来，人们就普遍相信，圣本笃是它的作者，尽管支持其作者身份的证据在部分程度上是无法证实的。圣大贵格利在担任教皇的那段时期（590~604年）相信圣本笃是它的作者，尽管没有一份圣本笃签名的文献幸存下来。9世纪初一份把它归到圣本笃名下的抄本，今天依然可以在瑞士的圣加仑修道院里看到。

《圣本笃规则》是为世俗之人而不是为神职人员撰写的，其动机是：任何一个认真阅读它的人，都可以获得更好的装备，去过符合上帝意愿的生活。然而，神职人员如此喜爱这部作品，以至于到9世纪，教会主要成了一个修道团体，很大程度上是建立在这本书中所包含的规诫和哲学的基础之上。

《圣本笃规则》以一篇序言开始，接下来是73章正文。序言包含了关于神圣生活的各种告诫，鼓励信徒不要背离上帝的意志，而是要选择与他保持完美的统一，有朝一日，这种统一将带来永恒的生活。文本的主体部分详细论述了日常生活的程序，比如吃喝拉撒，公共祭拜，工作伦理，迎宾待客，以及在修道院的高墙之外旅行时如何管理自己的行为。精神方面的建议集中于祈祷、谦卑和服从。这部作品并不完全是原创。它不仅汲取和扩展了一些可以追溯到公元4世纪初的修道传统，而且，作者还直截了当地抄写了几份摘录，它们来自一份被称作

| 隐士的生活

约530年前后,圣本笃在卡西诺山修道院把《圣本笃规则》交给他的信徒们。

《师长的规则》(*The Rule of the Master*)的文献。那是6世纪的一部匿名作品,着重强调简朴和斋戒。《圣本笃规则》放松了《师长的规则》加诸修道生活的严格而广泛的约束,允许修道士有个人时间用于祈祷和追求智力活动,有充足的食物和衣服,甚至偶尔还有酒,在炎热的夏日可以自由地从繁重的户外劳动中脱身,休息一会儿。

《圣本笃规则》并不是为那些追求隐居和孤独生活的隐修士撰写的。它的撰写是为了在工作与祈祷之间提供一种恰当的平衡,是为了说明,交付给上帝意志的一生,如何能够在日复一日的基础上实现。它那种清醒的常识方法,与那个时代的偏狭形成了鲜明对照。例如,对于修道士来说,埃及最常见的苦行习惯就是睡在赤裸的地面上,但圣本笃规定了可以使用毯子、床

第4章 冥思苦想的生活：社群中的隐士

> 垫，甚至可以使用床单和枕头。他还强调修道士的"集体"共同体的观念，与个人主义和与世隔绝的埃及模式形成鲜明对照。
>
> 关于它的传播，文献证据的缺乏留给我们这样一个思考：《圣本笃规则》究竟是如何那样迅速地传遍整个欧洲的修道团体？到了圣辛卜力乌斯（St Simplicius）去世的时候，卡西诺山修道院在圣本笃之后只有三任院长，《圣本笃规则》已经在整个意大利被人们所遵守，今天在全世界的很多修道团体中依然被人们使用。

者"圣梅恩莱（St Meinrad）决定在瑞士的艾因西德伦过一种隐修生活。历史至今在争论，那里的本笃会修道院是不是他创建的，但没有争议的是，他把自己的住所拿出来给两个流浪的旅行者分享，而这两个人接下来把矛头对准了他，并在861年杀死了他。

本笃会修士们不仅留下了一笔宗教遗产，而且还留下了一笔建筑遗产。他们建造了一些欧洲所见过的最伟大的基督教建筑，比如法国克吕尼城那幢气势宏伟的修道院。他们还建造了一些最小的建筑。诺森伯兰海岸外豪斯岛的圣卡斯伯特小教堂是由一小群本笃会隐修士在1369至1372年间修建的，在亨利八世国王于1530年代解散修道院之后，它成了灯塔看守人的小屋，在19世纪中叶被部分恢复。

嘉玛道理会

嘉玛道理会是圣罗慕铎（St Romuald）作为恢复修道生活的一个途径而建立的。罗慕铎是个贵族，早年在目击父亲死于一场决斗之后便醉心于隐修生活。接下来，他创建了很多修道院和隐修院，还致力于改革和恢复很多本笃会的小修道院。1012年前后在意大利南部的一次会晤中（这个故事部分是神话，部分是事实），一个名叫马尔多卢斯（Maldolus）的人告诉罗慕铎，他看到了一些穿白袍的人从天上下来。马尔多卢斯答应送给罗慕铎一块地，如果他在这块地上修建一座修道院的话。罗慕铎答应了，开始仿照埃及沙漠神父的传统建造了5间隐修室。接下来，他创建了一座被称作嘉玛道理的修道院。一年后，他接受了别人赠送的一幢别墅，后来成了布欧诺喷泉修道院。这两座修道院成了新创立的嘉玛道理会的中心。罗慕铎声称上帝曾向他显灵，托付给他一项任务："把整个世界转变成一座隐修院。"1026年，他孤零零地死于卡斯特罗谷的一间隐修室里。

　　罗慕铎下决心鼓励人们重回埃及沙漠神父们所体现的那种与世隔绝的独居生活，尽管他依然把遵守《圣本笃规则》看作是防止傲慢乖张的必要手段，即便是最有献身精神的隐修士，他们的生活中也容易滋生这种习气。他是不是打算建立一个新的修道会，这一点尚有争论，但人们普遍同意，嘉玛道理会修士与众不同的白色长袍最早出现在嘉玛道理修道院，鼓励隐修士和修道士彼此更贴近地生活在一起的做法也是如此。尽管嘉玛道理会在未来的几个世纪里不断扩大，但最初的嘉玛道理隐修院依然是这场运动的精神中心，这个修道会的特征依然是西方修道制度与东方隐修生活典型的艰苦朴素的独特混合。在东方的隐修院里，与世隔绝的生活受到鼓励，修道士们孤身一人住在单独的隐修室里，围绕着一座中央小教堂。

　　罗慕铎对嘉玛道理会修道士的隐修室的性质和目的的理解，生动说明了这个修道会的隐修性质。这位圣徒的一位追随者在他死后撰写了一部《圣罗慕铎简要法规》（The Brief Rule of St Romuald），其中的第一行便是："坐在你的隐修室里，就像在天堂里一样……把整个世界置之脑后，彻底忘掉它。"这种实现觉悟和智慧的途径，是沙漠神父的典型特征。后者相信，关于上帝，一个人所能知道的一切，都可以通过独自一人坐在隐修室里来获得，这种获得开悟的途径让人联想到佛陀。一个修道士的隐修室是一个这样的地方：在这里，他可以认真地寻求——并遭遇——上帝，拥抱贫困，消灭私念。它甚至被认为是天堂的前身，是神奇可能性的一块飞地。因此，这貌似是对嘉玛道理会的讽刺，一个其成员过集体生活的修道会，却以无所不在的、毫不妥协的隐修倾向为特征。

加尔都西会

1084年，法国兰斯市一所宗教学校的校长圣布鲁诺（St Bruno）一行6人，去了法国阿尔卑斯山的加尔都西地区。他们在那里修建了6间隐修室，围绕着一个中央教堂。他们在教堂里集会，举行礼拜仪式，他们的生活是独居生活和集体生活的古怪混合。然而，对那些有隐修倾向的人来说，它被证明是一种成功的模式。最初的这个6人组合很快就发展成为大加尔都西修道院。

这个最具隐修倾向的天主教团体，其隐修士只允许在夜里、当他们聚在一起做礼拜的时候离开他们的隐修室。集体餐只在礼拜天和节日提供，其他时间的日常饮食由修士们在各自的隐修室里自己做饭。他们喝的葡萄酒兑了大量的水。跟其他修道会比起来，他们的教堂内部只有很少的装饰，交流常常是通过手势，限制说话，追求静默。据记载，他们的衣服很单薄，蓄须被禁止，头发被剃光。所有这些苦行，都与其他修道会的修士们所过的那种相对比较舒适的生活形成鲜明对照。

大概部分程度上是由于这个修道会的严格苦行，以及对独居和沉思的强调，加尔都西会发展得很慢。到1300年，整个欧洲只有39座加尔都西会修道院，尽管到1521年发展到了相当可观的206座。加尔都西会修道院的布局是统一的，一连串的隐修室沿着相邻的回廊修建。公共区域包括教堂和食堂，食堂里可能包括厨房和洗衣房，

18世纪加尔都西会修士从事冥想的生动画面。加尔都西会创立于1084年,是最严格的修道团体之一。

第4章 冥思苦想的生活：社群中的隐士

萨拉拜特修道会和游方修道士

萨拉拜特修士和游方修士是6世纪两个巡游修士群体，他们几乎完全被历史所忽视，在任何一个有足够的时间阅读《圣本笃规则》73章的人看来，它的作者似乎也认为这两个团体太过默默无闻，以至于不值得提及——几乎没有、但不是完全没有提及。

萨拉拜特修士通常被教会视为一个堕落的修士阶层，常常住在自己的家里，拒绝承认任何官方修道机构的权威。游方修士是一些到处云游的修道士，他们没有组织机构。圣本笃相信，这两个群体都没有能力判断他们的渴望和动机是不是来自上帝，他看不起他们的行为，声称："不管他们喜欢或选择的东西是什么，他们都称之为神圣的。"（《圣本笃规则》第1章第9节）对于游方修士，他也给他们加上了饕餮的罪名，指责他们拒绝斋戒，是"卑劣的"。

在《圣本笃规则》的压制性影响确立之前，萨拉拜特修士和游方修士还是取得了一点小小的成功，但到最后——也是他们自己的矛盾心态的牺牲品——当《圣本笃规则》和修道传统开始发挥作用的时候，他们便淡出了历史。

单独的一系列工场可能包括磨坊、农产品仓库或金属作坊。

加尔都西会到1145年已经不再是一个专门的男性领地。当时，来自法国南部普罗旺斯的一群修女被圣安塞尔姆的加尔都西会修道院院长迎进了该会。尽管女人被认为不具备过独居生活所必须的性情气质，然而，这一事件还是代表了加尔都西会历史上一个无差别对待的分水岭，从此之后，女人一直是这个修道会的组成部分，直到今天。

因为他们的隐修生活如此严格,所以加尔都西会没有牧师,这部分解释了这种生活方式为什么一直是如此罕见的行当,可是,尽管他们人数甚少,然而却对整个教会发挥了潜移默化的影响。耶稣会的创立者圣罗耀拉(St Ignatius of Loyola)在养伤(1521年在战斗中负伤)的时候读到了加尔都西会修士萨克森的鲁道夫(Ludolph)的著作《基督传》(Life of Christ),他被深深地打动了,以至于做了一件不同寻常的事情:他允许他的耶稣会修士经请求后转到加尔都西会,以后还可以回到耶稣会,而不会有等级或特权上的任何损失。

今天,大约有30座加尔都西会修道院依然存在,大多在欧洲,有大约400名修士和修女。这个修道会的法规历经千年几乎没什么改变,它的等级制度依然保留了下来,而没有在其他修道会中十分常见的妥协。加尔都西会依然是隐修士和修道士的独特混合,天衣无缝地结合为一个单一的信仰共同体。

克吕尼会

法国勃艮第地区的克吕尼修道院创建于910年,是一个修道会的中心,这个修道会在1000至1025年间主宰了整个西欧的修道生活。在鼎盛时期,它控制着800多座修道院,从爱尔兰的泥炭沼泽,到德意志的茂密森林,克吕尼修道院的影响可以匹敌君主和教皇。在罗马的圣彼得大教堂建成之前,克吕尼修道院一直是世界上最大的基督教建筑。

把克吕尼会与其他修道团体区别开来的,是它常住的本笃会修士和他们的资助人之间的关系,这位资助人就是阿基坦公爵虔诚者威廉一世。不像其他修道会的资助人,威廉没有兴趣利用自己的影响力来决定克吕尼修道院院长的选择,也没有兴趣安插自己的朋友或亲戚担任教职，相反，他鼓励修士们仅仅为了自己的拯救而祈祷。虔诚的礼拜仪式和连续不断的祈祷是克吕尼修道院的本笃会修士们的标志性特征。土地拥有者们把土地和礼物捐赠给修道院，以感谢他们把自己纳入修道士们认真热忱、没完没了的礼拜仪式和祈祷中。修道院还发展出了与教皇之间的紧密联系，在未来几个世纪里，教皇将帮助确保它的稳定和发展。

克吕尼修道院的修道士们（常常被称作"克吕尼会修士"）完成了他们所创建的修道院的"联盟"，以克吕尼修道院为中心——这是一个迄今为止闻所未闻的概念。边远小修道院的院长每年在克吕尼修道院集会一次，到11世纪晚期，克吕尼修道院的规则，以及它特殊的虔诚标志，已经深深扎根于欧洲的宗教生活。到12世纪中叶，超过1万个修道士属于这个修道会，至少有4个克吕尼修道院院长荣升为教皇。

隐修室常常建在森林里和环绕着修道院的场地上，好让修道士们在短时期内过隐修生活。下面这样的做法在克吕尼修道院并不少见：前院长退休的时候到修道院的高墙之外去过一个隐修士的生活。克吕尼会第三座修道院教堂的创建者塞尔比的休（Hugh of Selby）就是作为一个隐修士退休的。杰拉尔德·勒沃特（Gerald le Vert）也是如此，据说，他在附近的一个山顶上度过了自己的余生，1133年孤零零地在那里去世。

西多会

西多会最初是由一群改革派本笃会修士组成的，他们在法国勃艮第的西多城创建了一座修道院。西多会的目标是要回归对《圣本笃规则》的更严格的解释，他们相信，这部法规在此前200年里被稀释了。1112年，克莱尔沃的圣贝尔纳（St Bernard）加入了他们的

克莱尔沃的圣贝尔纳和追随他的西多会修士列队行进在克莱尔沃修道院。这个修道会强调手工劳动,尤其是冶金技能。

第 4 章　冥思苦想的生活：社群中的隐士

行列，据很多教会史家说，贝尔纳是"世纪伟人"。他几乎是以一人之力，推动了西多会的早期发展。它从 1112 年的一座修道院，在 40 多年的时间里扩张到了 350 座修道院。到 13 世纪初，西多会修道院的数量超过了 530 座，它们从葡萄牙到挪威，横跨整个欧洲大陆。据保守估计，西多会修士的数量至少有 12 000 人。

西多会修士披着本色羊毛披肩，睡在裸露的木板上，对装饰不屑一顾，倾向于在地里长时间工作，而不是在隐修室里寒窗苦读。这种对体力劳动和冶金技术的强调，导致了一些大的西多会修道院的创建。到 13 世纪中叶，西多会取代了克吕尼会，成为欧洲最有影响的修道会。

在英格兰，西多会的影响相当大，直到 1530 年代，在亨利八世国王治下，修道院的解散被证明对英格兰的西多会来说是灾难性的。他们的土地被没收，他们庞大的用于铁矿石的提炼和加工的熔炉网络也是如此，其中包括中世纪不列颠唯一的鼓风炉。事实上，西多会的熔炼技术十分先进，以至于一些历史学家提出，他们的熔炉被毁可能阻止了工业革命在 17 世纪诞生。

在这个十分注重集体生活的修道会，隐修生活是例外，而不是惯例，但是，在西多会经历了最初几十年的发展之后，隐修生活逐步变得更被人们所接受，尽管对隐修生活的追求采取了暂时脱离修道会的形式。

托钵修道会

到 13 世纪初，很多修道院已经积累起了巨量的财富，连同与之相关联的所有妥协与罪恶。这促使亚西西的圣方济各（St Francis）和西班牙的圣多明我（St Dominic de Guzman）先后在 1210 年和 1215 年向教皇英诺森三世提出建议，重申基督提出的挑战：如果你

117

| 隐士的生活

想追随他，就应该丢下你所拥有的一切。从这两次建议中，诞生出了两个伟大的宗教团体：方济各会和多明我会。其核心是这样一个事实，乞丐的碗是基督的信徒所拥有的唯一财产，假如他们真的能够把这个碗称作自己的。它们被称作两个托钵修道会——他们的日常生计完全依靠社群的施舍——没有跟修道院捆绑在一起，而是四处云游，宣道和传教。事实证明，他们坚守绝对贫困的意识形态承诺很难坚持下来，然而到最后，教皇的一纸敕令允许这两个修道会的修道士们从事获取财产的活动。

多明我会是教会的武器，被梵蒂冈用来打击异端，参与神学论争。多明我会还有对教育的激进承诺，并且在剑桥和牛津这两个学术中心的确立上起到了关键作用。

1436年，又一个托钵修道会建立。这一次的创立者是保拉的圣方济各，他1416年出生于意大利南部的保拉，13岁那年进入罗马附近的一座方济各会修道院，并在1429年回到了保拉，接下来的6年时间里一直作为一个隐修士生活在那里。在独居隐修期间，他与另外两个云游的苦行者建造了3间隐修室，一起被称作"亚西西的圣方济各的隐修士"。接下来又被称作"保拉的方济各的穷修士"，最后被称作"最小修士"。

最小修士这个谦卑的头衔意思是"所有信徒当中最渺小的"，他们从未打算成为罗马天主教会的伟大修道会之一。他们过着极其简朴的生活，在他们看来，践行和实现谦卑，其价值远远超过教会的权力或堂皇气派的修道院。最小修士们坚持不懈地过着禁欲和穷困的生活，禁止接触金钱，躲避周围的世界。然而，方济各拥有罕见的预言才能，而且很快就引起了法国国王查理八世的注意，他下令给最小修士们建造两座修道院，一座在普莱西斯，另一座在罗马。

在接下来的3个世纪里，最小修道会一直在整个法国和意大利繁荣兴旺，直至1789年法国大革命爆发。其修道士是中世纪隐修士的典型，他们尽管有着良好的意图，但最终都被吸收进了组织化的集团，并被置于大教会的控制之下。

在那些分散的、羽翼未丰的修道会当中，最小修道会是唯一的一个。在13世纪中叶，格兰大教堂的教士欧瑟伯（Eusebius）把整个匈牙利各个教区的隐修士都集中到了一起，最终组成了一个被教皇赦免了主教管辖权的修道会，而葡萄牙的两个隐修团体则在1420年被辛布里贵族门多·戈麦斯（Mendo Gomez）统一为一个小修道会。之后，戈麦斯又为这一团体制定了一套规章制度，并得到教皇格列高里十三世的批准。

大分裂

一次教会分裂是教会内部的一次冲突，主要集中于教士的权力与责任，以及教会的等级性质，而不是围绕神学问题的一次争论。1054年的大分裂导致罗马拉丁教会与东方教会之间的长期分歧，它是在教皇利奥九世拒绝授予君士坦丁堡主教以最高大主教的头衔之后爆发的。它最终分裂出了两个教会，有语言、文化和地理的分界线——这场分裂一直持续到了今天。

东正教会始终相信，作为整体的教会，其健康依赖于其修道院的健康，它们代表了反映普遍教会状况的晴雨表。修道院，以及过着克己苦行的生活、常常远离公众视线的修道士们，事实上始终处于教会生活的中心。

修道院在英格兰的解散

新教改革的催化剂于1517年出现在欧洲，当时，马丁·路德（Martin Luther）把他的"九十五条论纲"钉在了威登堡城堡教堂的大门上。原本作为个人抗议，针对的是罗马天主教统治集团习惯做法中滋生的各种弊端，如今却有了更广泛的意义。这场运动很快就蔓延到了整个欧洲大陆，但跨过英吉利海峡却还要花上几十年的时间，而且，当它越过英吉利海峡的时候，它采取了完全不同的表达。

英格兰的宗教改革，最早在1527年发出了它的隆隆声，始终更多的是政治论争，而不是教条和神学论战。1534年，随着《至尊法案》在英格兰议会获得通过，这场改革也就达到了高潮，这一法案使得亨利八世国王成为英格兰教会的首脑。

国王交给埃塞克斯伯爵托马斯·克伦威尔（Thomas Cromwell）一项任务：去走访英格兰各地的宗教团体，确保它们服从新的法律。新法规定，税赋和教会的钱都应该交给国王，而不是罗马，并报告任何流言蜚语和邪恶。带着不断高涨的对罗马天主教会的反感，"第一镇压法案"在1536年获得通过，亨利国王开始解散修道院及其他宗教团体，这个过程在"第二镇压法案"于1539年获得通过之后得以加速。到1541年，不列颠目睹了超过800个修道团体的灭亡。它们的收入被侵占，财产被没收。拒绝服从的修道士被指控叛国，面临被绞杀、拖死、车裂的命运。

不列颠唯一设法避免了正式解散的宗教团体是诺福克郡的圣贝内特修道院。

第 4 章 冥思苦想的生活：社群中的隐士

圣山

那些最终组成了东正教世界的国家，它们所拥有的基督教隐修传统可以追踪到公元 6 世纪。圣山是希腊北部的一个小岬角，荷马最早提到它，说它是宙斯和阿波罗在占居奥林匹斯山之前的住所。还有一篇真实性值得怀疑的记述，提到圣母玛利亚和福音书作者圣约翰曾经在公元 49 年探访过这座半岛。传说坚持认为，就在圣母的双脚接触到希腊土地的那一瞬间，阿波罗的神谕便宣布自己是假先知的工具。

一些比上述传说更加可信的传说声称，君士坦丁皇帝在 4 世纪探访过圣山，并在那里建造了一系列的修道院。在背教者尤里安（Julian the Apostate）统治时期，它既是基督徒的，也是异教徒的家园。然而，直到 840 年，圣山修士彼得（Peter the Athonite）才成为第一个被记录在案的圣山隐修士。在沿着这个半岛航行的时候，彼得的船突然停了下来，他把这看作是来自上帝的信号，于是他弃船登岸，丢下了全体船员，在这个半岛那岩石嶙峋的山顶上，开始了 50 年与世隔绝的生活。在他去世多年之后，他的遗骨被当地的一位猎人发现，并被埋葬在半岛上今天的克莱门托斯修道院的院址上。

来自圣山的苦修者参加了 843 年的大公会议。885 年，巴西尔一世皇帝颁布法令，规定圣山半岛是其修道士们唯一的保留地。到 11 世纪，据估计，总共有 180 座修道院，代表着来自俄罗斯、希腊、塞尔维亚和保加利亚的修道团体，修建在圣山的山坡上和周围的山谷里。半岛上修道院的生活方式稳步取代了其最初卑微的隐修生活。

| 隐士的生活

迈泰奥拉

当伊斯兰帝国于 7 世纪在大奥马尔（Umar the Great）的率领下攻占埃及的时候，很多沙漠修道士逃往希腊，并带去了他们的苦修传统。在 9 世纪，隐修士们开始栖居于希腊中部迈泰奥拉高耸的沙岩层上那些天然的裂缝和洞穴里，那里如今是联合国教科文组织认定的世界文化遗产。这一地区的偏僻，以及那些裂缝和洞穴的难以到达，使得这些岩石墩（其高度都在 550 米以上）成为宗教沉思的理想圣地。当土耳其的统治者从北边进犯的时候，它也是一个理想的庇护所。尽管洞穴之间离得比较近，但它们的难以到达还是使得那里的生活孤独而危险。迈泰奥拉早期的隐修士们经由一系列复杂的、结构上很成问题的木质脚手架爬上爬下，进出他们的住处，这些脚手架固定在岩面上的缝隙中。共同祈祷在一些被称作 prosefhadia（祈祷的地方）的小教堂里举行。他们每个礼拜聚集在一起，在道比尼举行弥撒，那里最终将会建起一座修道院。

几百年来，隐修士们组成了更具组织化的团体。到 14 世纪，大迈泰奥拉修道院在宽岩的顶上修建起来了。所提供的通道是绑在绳索上的篮筐，或者是梯子，每天由最后上去的修道士收起。这些梯子需要相当程度的信念才敢攀登，因为，只有在"上帝让它们断掉"之后，它们才会被替换。那里建起了 20 座修道院，其中只有 6 座至今犹存。1920 年代，建起了一系列有雕刻的梯子和栈桥，给迈泰奥拉带来了一个新的繁荣时期。

今天的阿基欧斯·史蒂芬诺斯修道院和阿基亚·特里亚达修道院依然作为修道团体继续运转着，其余的修道院如今都成了博物馆。迈泰奥拉是作为一个 cenobium（共同）修道团体而运转的，这意味着一切都是共同拥有。大迈泰奥拉修道院在 1360 年代晚期从塞尔维

第 4 章 冥思苦想的生活：社群中的隐士

亚皇帝西门·乌洛斯（Symeon Uros）那里得到了一笔捐赠，它的财富今天依然可以在它的很多艺术品、壁画、手编地毯以及一批特别罕见的中世纪抄本收藏中看到。今天居住在迈泰奥拉的修道士依然遵循本质上属于中世纪的修道生活方式：纯洁，服从，简朴的世俗生活。任何一个等待加入这一修道团体的人，都必须先当 3 年的见习修士，这之后才能决定：他们是否拥有修道生活所必须的恰当的精神水平。

基辅洞窟修道院

进一步向东，在俄罗斯，东正教的另一块大飞地，修道会发展得很慢。11 世纪，公认的俄罗斯修道制度之父、洞窟修道院的圣安东尼（St Anthony of the Caves）在俄罗斯建立了最早的修道院。安东尼 983 年出生于基辅附近，后来去了希腊，在圣山修道院接受修道士的训练。他在一个俯瞰着大海的开凿山洞里生活了几十年，于 1051 年回到了基辅。

在那里，他生活在基辅的第一位非希腊裔主教希拉里翁（Hilarion）曾经居住过的一个小洞窟里，继续过着从前在圣山过的那种艰苦的苦修生活，常常在一个礼拜的时间里不吃任何东西，并按照最杰出的埃及沙漠神父之一圣安东尼（参见第 2 章）的生活方式来打造自己的生活。最后，他的身边聚集了一小群追随者，他们一起生活在一系列专门建造的洞窟里。它们被称作"远近洞窟"，或者索性被称作"安东尼的洞窟"，最终成了基辅洞窟修道院。

安东尼最后离开了他的追随者，去了附近的一座大山中，再次孤身一人生活了许多年。安东尼死于 1073 年，被埋葬在他创建的修道院里。

| 隐士的生活

荒野隐士

在 13 世纪鞑靼人入侵俄罗斯期间，俄罗斯的很多城市和修道院都沦为废墟，教堂成了俄罗斯身份和文化的唯一保留地。俄罗斯的隐修士和修道士被迫逃到了一些中心城市，很多人消失在俄罗斯的浩瀚森林里，被称作荒野隐士（poustinik）。他们被迫生活在被称作隐修小屋（poustinia）的简陋棚屋里，狭小的空间只允许他独自一人与上帝交流。荒野隐士们过着孤独的、与世隔绝的生活，但他们依然把自己看作是上帝的仆人，是上帝的人。他们并没有切断自己与社群的联系，而是使自己能够被用于日常的劳作，比如搜集干草，并为每一个愿意拜访他们的人提供智慧和专注的倾听。拉多涅兹的圣塞吉阿斯（St Sergius）就是一个这样的人，他是农民的后代，有朝一日他将成为中世纪俄罗斯最伟大的修道改革者之一。

塞吉阿斯在 1320 年前后出生于涅罗湖畔的罗斯托夫，父母在他 15 岁那年就去世了，他搬到了莫斯科，为的是离哥哥斯特凡（Stefan）更近一些，后者是个修道士。他们一起用取自马柯维卡城附近森林的木料建造一座小教堂。塞吉阿斯在与世隔绝中度过了接下来的几年，专心于祈祷、劳作和自我牺牲，完全与自然环境融为一体，以至于很多人说他"呼吸着清新的冷杉树"。最后，一小群追随者来到他的身边，他们一起靠自己劳动的果实为生。最后，他成了他们的 hegumen（道长）。这是一个东正教术语，用来表示一个修道共同体的首脑。他后来成为牧师阶层的一员，并被伊斯坦布尔的东正教主教菲洛修斯（Philotheus）赋予了一个隐修士的精神品格。在他整个一生中，他创建了 400 多座修道院，一直拒绝提升到更高的位置上，宁愿过一种平凡的生活。他相信这是上帝想让他过的生活，也

第 4 章 冥思苦想的生活：社群中的隐士

拉多涅口的圣塞吉阿斯监督札格尔斯克的隐修士和教堂的建造，那是这位简朴的修道士毕生创建的 400 多座修道院之一。

是一个简朴修士的生活。

塞吉阿斯死于 1392 年，享年 78 岁，1452 年被封圣，留下的遗产是诚实和穷困。

索尔斯基为隐修士制定的规则

在成为一个修道士之前，尼尔·索尔斯基（Nil Sorsky）干过抄写员和书吏，他是15世纪俄罗斯修道运动背后的主要力量之一。

在一次探访圣地之后，索尔斯基回到了俄罗斯北部，在索拉河畔创建了一座修道院。他开始创建这样一套哲学，它强调内观"自我"，以及在追寻上帝的过程中基督徒生活中更带有感情色彩。他还鼓吹隐修士应该生活在"隐修团体"中，也就是生活在按照沙漠神父们的传统打造的小围场中。它们被建造得顶多能容纳两三个隐修士，他们在祈祷、反思、写作和绘制圣像中打发时光。

索尔斯基还十分强调退隐独居的重要性，如果你想有任何希望回到上帝身边的话。这一内在之旅最终演变成了静修。这是一个最早在11世纪发展出来的神学概念，依靠罕见程度的与世隔绝，需要几乎完全放弃说、听和看，为的是净化心灵，实现一种不寻求任何物质性事物的状态。要维持这种几乎不可能的弃绝尘世的状态，需要连续不断的祈祷。

索尔斯基的遗产赖以建立的基础是两部关键性的论述隐修生活的著作：《传统》（The Tradition）和《规则》（The Rule）。《传统》着重强调简朴和贫穷，并给想要成为隐修士的人提供实际的指导。《规则》关注的是人的精神斗争，也是苦行者的指导手册，警告他们在朝圣之路上可能遇到的危险，强调内心和精神的纯洁远比外在的标志、仪式和虔诚更加重要。

第4章 冥思苦想的生活：社群中的隐士

作为修道士的隐士

尽管流行的世俗观念认为，一个隐士就是过着独居生活、不求助于社群的人，但在基督教世界，一个隐士常常在很大程度上是一个修道群体的组成部分。罗马天主教有一句老话强调：一个修道的隐士，当他身处红尘俗世的时候，应该是一个多明我会修士（合群的、外向的），当他身处修道院的时候，应该是一个加尔都西会修士（苦行的、隐居的）。

不管是隐修士还是修道士，在更广泛的教会生活中，他们始终被一些牢不可破的丝线捆绑在一起：纪律、克制、独居和圣餐的恩典。就连最苦行、最与世隔绝的隐修士，也总是通过连续不断的祈祷那统一的神秘性，而与教会紧密相连。

第5章 弃绝社会：中国和日本的隐士诗人

尽说上方兜率好，如何及得老僧家。

——清珙

静坐听落叶，孤屋即出家。

——良宽

中国的隐士

世界上没有哪个国家像中国那样鼓励、赞美和敬佩它的隐士和遁世者，也没有哪个国家像中国那样把避世独居的观念深植于它的艺术中。

界定中国隐士传统的最早努力始于孔子的时代。把这一传统的起始点归于这位伟大的宗师是诱人的，但是看起来更有可能的情形是，早在公元前6世纪，中国就有了一些隐士的线索，孔子只不过把这些线索扯在了一起，这使得他能够清楚地表达出更完整的隐士理想。

只要审视一下中国人用来描述隐士的术语，就可以看出人们究竟是如何理解他们的。诸如"高士"、"岩穴之士"和"飞遁之士"这样的术语表明，中国隐士的动机和目标远比西方要宽泛得多，而

人们有时候把在中国发展隐士理想的功劳记到孔子的名下,但总的说来,他所关切的是一个人在社会上的位置,而不是个体需要。

| 隐士的生活

并不仅仅局限于增加一个人对神的理解,也不只是为独处而独处。

在古代中国的城市地区,独居生活常常是受过良好教育的上层阶级的一种追求,他们积累起来的财富使得他们用不着为了收入而奔波劳碌。这反过来意味着,对隐居生活的追求不可避免地关联到有原则地脱离公共生活,放弃权力或威望,给隐士们提供了他们所需要的"道德正确的证据",并使他们内心充满了一种正直感。这种高贵的放弃行为成了一种传统,千百年过去,这一传统一直延续并兴盛,在民族意识中变得根深蒂固,直至正直的道德主义者和特立独行的隐士这两个孪生概念融合为一个完美的、理想化的人物,而这样一个人物最终成为中国社会的一种内在的东西。

在中国,隐士的角色,以及渴望过隐士生活的动机,无论是过去还是今天,都大大不同于西方的隐士传统。在西方的观念里,世俗的隐士是一个心甘情愿地弃绝社会、追求自己的怪癖或议程的人。他们离开社会,自己照顾自己,这一观念在中国几乎闻所未闻。相反,中国的隐士把隐居生活看作是某种类似于预备学校的东西,是一段分开的时期,为的是让自己沉浸于隔绝和思考中,以便获得更有价值的东西,再回到社会。在中国,成为一个隐士还意味着做一个诗人。

在中国,诗歌所服务的目的完全不同于西方。在欧洲,诗歌不过是一种边缘化的艺术形式;而在中国,要理解中国人如何看待自己,以及如何看待他们的历史,诗歌是的一个关键。在西方,诗歌创作常常抱着这样一种希望:它的发表可能会给作者带来名声和认可;而在中国,诗歌之所以受到赞扬,不仅仅是作为一种艺术形式,而且是作为一种最高级、最有表现力的交流形式,被几乎每一个社会分支广泛地实践,写诗的时候根本没有想到它可能给作者带来任何名声。所以,当受过教育的中国人决心追求隐居生活,并记录他们的思考以及他们在大自然中所看到的东西的时候,是为了那些被他们留在身后的人。他们从不操心,记录这些思考和观察应该采取何种风格。

陶潜

陶潜（365~427）在中国被称作"道家隐逸诗人"，他是"飞遁之士"的完美样板。陶潜出生于江西，祖先拥有相当可观的财富和影响力。但是，在一场大火吞噬了家族的祖宅之后，他在相对比较贫困的环境中长大成人。他的父母很穷，但受过良好的教育。还是个年轻人的时候，他就担任过不同的地方官职，正在发展着一个典型"士绅"的职业生涯。然而，尽管结了婚，有了孩子，但他觉得自己的生活尚未实现，没有意义。

公元405年，在他41岁那年，他以一种惊人的方式辞去了官职，拒绝为了寒薄的薪水而折腰，并声称："吾不能为五斗米折腰，拳拳事乡里小人。"陶潜不愿意成为中规中矩的官僚，他厌倦了过度的俗务和猖獗的腐败，于是便抛弃了前程似锦的仕途，追求一种理想化的隐居生活。他写道："久在樊笼里，复得返自然。"陶潜退隐到了江西老家，继续通过学习耕作来养活家人。他把自己的乡村老家描绘为远离"尘网"，一个平静安宁、与世隔绝的地方，在普普通通的茅草屋顶之下，是简朴而粗陋的房间。他在隐居中度过了自己余下生命中的22年时光，正是在这一时期，他开始创作诗歌。

在他早年的一系列"咏贫诗"中，他并不打算用赞美隐居生活的诗意语言来理想化耕作生活的艰苦和辛劳。例如，在他妻子掌犁头的时候，他承认那是在掌控着他自己的犁头。在他最著名的诗篇《归田园居》中，他写道：

少无适俗韵，
性本爱丘山。

| 隐士的生活

> 误落尘网中，
> 一去十三年。

陶潜强调耕作和农业的重要性，认为它不仅仅是延续隐居生活的手段，而且也是增强它与社会的关联性的手段。持续不断的思考固然有它的地位，但它常常成为一种生活重负和"哲学负担"，隐士们不得不依靠周围人的施舍才能生存。他注重实际的本性导致他不能效法道家的榜样，像他们那样追求长生不老，同时又要面对他认为不可避免的死亡和身体无可奈何的朽烂。他发展出了一套哲学，这一哲学使他生活在每一个瞬间，因为生活所揭示出的简单的美而欣赏每一天。他的满足源自耕田种地，源自身体和心灵沉浸于日常琐事中，这样的满足，体现在他一天将尽，"童仆欢迎，稚子候门"给他带来的快乐中。

陶潜并不是一个西方意义上的冥想型隐士。早年，他发现适应农业耕作并非易事，并培养出了对酒的喜爱，甚至把家里微薄的粮食供应拿去做酒。在一组题为《饮酒》的诗中，他以一种典型的方式写到了自己的挣扎，这组诗是在他极其抑郁消沉的那段时期创作的。另外一些描写日常生活的平凡和琐碎的诗歌，取了诸如《诫儿》、《乞食》和《移居》这样的标题。陶潜没有时间去写那些缺乏实际性的神秘诗篇。

陶潜的诗歌天才在他隐居期间大放光彩。他的很多诗歌反映了他接近生活的隐居方式，这种方式多少有点宿命论色彩。他无法同意儒家的哲学学说和道家对因果报应的信仰，于是便用自己的诗歌反映自己目之所见，死亡的证据无处不在，因此，构建旨在延长寿命的精密复杂的哲学体系完全是浪费时间。相反，陶潜的生命观显示了对大自然的欣赏，这种欣赏只有在孤独和观察的生活中才能得以实现。他的声音是孤独的，几乎消失在他那个时代主流信念的喧嚣中，然而，他完全意识到了那些走在他前面的圣贤：

第5章 弃绝社会：中国和日本的隐士诗人

> 遥遥望白云，
> 怀古一何深。……
> 衔觞念幽人，
> 千载抚尔诀。

在他的自传《五柳先生传》中，陶潜以第三人称把自己称作"五柳先生"，用很大的篇幅描述了他对乡村隐居生活的满足。到最后，他开始被人们称作"田园诗人"。在今天，他被认为是中国第一个传说中的风景诗人，他们描绘了乡村中国"田园"生活的简单质朴。

然而，具有讽刺意味的是，他在今天最有名的一篇作品并不是诗歌，而是一篇散文作品，题为《桃花源诗序》，讲的是一个乌托邦社群，外部世界看不到它，也接触不到它。这部作品一直被视为一个最高样板，实证了道家那种完美的、然而本质上不能实现的生活，"桃花源"这个术语被用作表示乌托邦的日常中文术语。

风格化的诗歌在当时的流行，意味着陶潜在他有生之年没能获得任何名声，尽管到唐朝的时候（618～907），他已经被视为中国最伟大的抒情诗人之一。陶潜有130篇作品（大多是诗歌和五花八门的随笔），通过历史传到了我们手里。

谢灵运

中国有令人自豪的"山水诗"传统，代表了这个国家与自然界最早的文学联系，这一传统最杰出的倡导者之一是谢灵运（385～483。译者注：原文如此，谢灵运的卒年应该是433年）。谢灵运出生于一个贵族家庭，还是个学生的时候便在文学和书法艺术上表现

| 隐士的生活

杰出。

父亲去世的时候,谢灵运继承了"康乐公"的头衔,看起来他在晋朝廷里应该能够一帆风顺,尽管他傲慢和世故的名声阻止他升到更高的位置。419 年,晋朝垮台了,谢灵运继续给刘宋朝廷效力,直至 422 年。他的政敌认为他跟王位继承人庐陵王走得太近,他因此和妻儿一起被流放到了中国西南部的高山峡谷中。正是在那个时候,尽管有环境的帮忙,但谢灵运还是不顾家人的存在,决心追求隐士的生活。

平生协幽期,
沧踬困微弱。
久露干禄请,
始果远游诺。
宿心渐申写,
万事俱零落。

然而,独自生活在荒野中的残酷现实很快就让他付出了代价。在他 38 岁那年的冬天,谢灵运患上了肺结核,并处于持续不断的抑郁状态。他开始探索周围的环境,欣赏周围的山川河流,他的诗歌开始反应一种几乎是抑制不住的快乐和满足。

江山共开旷,
云日相照媚。
景夕群物清,
对玩咸可憙。

谢灵运成了他那个时代最受欢迎的诗人之一,他使山水诗的风格臻于完美,结果导致了一种新的哲学、观察和表达的绝技。在后

第5章 弃绝社会：中国和日本的隐士诗人

中国遁世隐居的"山林"诗人

王维（701～761）是中国历史上三个伟大诗人之一。尽管是一个雄心勃勃的官员，但你不可能忽视他的作品中反复出现的遁世和独处的主题。学者们相信，他的诗歌应该是在与世隔绝的时期写下的，很可能是他接触佛教禅宗的结果。禅宗强调避世隐居，鼓励其信徒退隐山林，把自己从世俗关切中解放出来。

李白（710～762）是中国最伟大的"云游诗人"之一，把中国诗歌的优雅和雄辩的水平带到了一个新的高度，但他也喜欢使用夸张和幻想。尽管终其一生担任过很多官职，但他的生活总是要回归漫游，走遍中国各地，因为对世俗关切和世俗财产有一种罕见程度的超脱，而名满天下。

白居易（772～846）是一位典型的中国诗人，一位清晰晓畅的大师，他的社会抗议诗歌给他带来了持久的名声，但正是他的冥想诗歌，成了他至高无上的遗产。作为一个年轻的政府官员，他不可能退隐山林，但他在庐山上建造了一个只有两间房的隐士棚。他一生当中有许多年是在那里度过的，避世独居，与世隔绝。

来的时期里，他的声望有所下降，如果你把他跟他同时代的伟大诗人陶潜相比较的话。陶潜的声望在他去世之后的几十年里上升到了令人难以置信的高度，而谢灵运则相形见绌。

然而，谢灵运尽管有一些风格上的缺点，但他用饱含情感的笔触，抒写了他所热爱的山川之美。他的诗歌几乎是以一己之力，记述了中国人日益增长的山水意识。

隐士的生活

清珙

即便是按照普通中国隐士的标准来判断，14 世纪诗人和隐士禅师清珙（他的名字的意思就是"石屋"。译者注：这是作者的误解，事实情况是，清珙禅师俗姓温，字石屋），在终南山东部的峭壁和峡谷中修建的茅屋也算得上朴实无华了。

这个简陋的隐居处，被这位著名的《山居诗》的作者描述为"破屋三两椽"，纸窗茅檐，素壁枯壳，大概不过只有几米。然而，他写道："团团一个尖头屋，外面谁知里面宽，世界大千都着了，尚余闲地放蒲团。"它的位置在"千峰上"，去那里要走一段很长的路，这弥补了它简陋的外表。

在建造他的隐居茅屋之前，清珙在福源寺当了 8 年的住持。尽管他在那里的任期并没有让他对出家生活留下什么印象，对住庙的僧人就更不用说了。他后来说这些僧人"平庸"，是"弹懒借衣求食者"。清珙明显更愿意过隐士生活，1312 年，他出外云游，进入了终南山，在这个"眼前唯有山"的地方建造了自己的茅棚。

尽管对 13 和 14 世纪的中国隐士来说，不遗余力地详细叙述自己的隐居茅棚是稀松平常的事，但像清珙那样一丝不苟地列举自己茅棚里的日常事物还是很少见，它使我们能够详尽地观察一个禅宗隐士的日常生活。清珙的财产包括：

- ◆ 一个用一块木板做成的枕头
- ◆ 地板上的草垫
- ◆ 一个熏黑的茶炉
- ◆ 一个断了一条腿的砂锅
- ◆ 一个米筛
- ◆ 一个用来捣生姜的破砂盆

第5章 弃绝社会:中国和日本的隐士诗人

- ◆ 四尊佛像
- ◆ 一盏供香的油灯,一个铃,一面锣
- ◆ 一个插满野花的花瓶
- ◆ 一个书架
- ◆ 一把翻土的锄头

清珙平常吃的东西五花八门,包括米、麦和黍。他栽种了很多松树,不仅为他提供了松果,而且还为他未来的建筑计划提供了木材。他的果园里种着梨树、桃树和李树。一个小小的植物园里生长着马鞭草和藜。在一连串很小的梯田里,他种植了茄子、黄瓜和红薯。他最喜欢的一盘菜是蘑菇,用生姜和捣烂的笋鞭做调味品。他甚至在山坡上开凿了一条水渠,把水从附近的山泉中直接引到他的门口。用松针把荷叶与蚕纸缝在一起,做成夏天穿的衣服,椰子纤维和麻织成冬天穿的衣服,脚上穿着草鞋。

> 长年心里浑无事,
> 每日庵中乐有余。
> 饭罢浓煎茶吃了,
> 池边坐石数游鱼。

清珙在他简陋的茅棚里过着隐士的生活,一住就是40多年,他的影响力甚至在他的有生之年就十分巨大。他不仅仅是一个隐士,而且还是禅宗传统的一位宗师,吸引了川流不息的来访者。他们长途跋涉来到他的茅棚,带走他的思想和智慧。韩国最主要的禅宗传统曹溪宗,就是一位僧人在探访清珙的茅屋之后,获得了灵感,从而建立起来的。

晚年的时候,清珙以一种典型的谦逊态度承认,他也搞不清楚,多年的隐居究竟让自己变成了"蠢人还是圣贤"。他肯定不是蠢人。

他那本朴实无华的《山居诗》，至今依然能够把读者带入到 14 世纪一个中国隐士的世界，也使得他被称为最伟大的禅宗诗僧。这些诗僧把诗歌作为表达思想、传授智慧的主要手段。

寒山

中国最受人尊敬的隐士和最令人喜爱的诗人之一寒山出生于 8 世纪初的唐代。关于他的生活和工作，我们所能得到的大部分信息都来自他的 300 余首诗歌，这是他留给我们的遗产。

寒山出生于一个特权家庭，但在安禄山叛乱（755～763）之前，他的生活我们所知甚少。这场叛乱跨越了 3 个唐朝皇帝的统治时期，夺走了 3600 万人的性命，尽管这个数字引发了一些人的怀疑，因为叛乱摧毁了中国所有的人口统计记录和档案保存体系。然而，即便考虑到大量的误差。这场叛乱依然代表了第二次世界大战爆发之前一次事件所导致的最具毁灭性的生命损失。

孔子和隐士生活

贤者辟世。
——孔子：《论语·宪问》

尽管中国隐居传统的肇始有时候被追踪到孔子的教诲和哲学，但没有证据支持这一观念，他的同时代人的著作中也没有提到过隐士生活。早期的孔子思想并不关注冥思苦想的生活，以及人与自然的关系。重点在于社会的需要，而不是个体的需要。

第 5 章 弃绝社会：中国和日本的隐士诗人

在安禄山叛乱所带来的混乱和动荡中，寒山带着家人逃到了中国东部崎岖不平的天台山中。正是在那里，他留了下来，住在几个山洞和藏身之所里，在悬崖峭壁之间觉得很安全。"家中何所有，唯有一床书。"在某个时间，他似乎与家人分开了，接下来的30年里，跟两个男性同伴生活在一起：一个是诗僧丰干，另一个是默默无闻的诗僧拾得。他们一起被称作"天台三隐"。

寒山全心全意地拥抱隐居生活，在早期的一首诗中，毫不含糊地显示了他十分欣赏他的新家提供的保护：

> 余家本住在天台，
> 云路烟深绝客来。
> 千仞岩峦深可遁，
> 万重溪涧石楼台。
> 桦巾木屐沿流步，
> 布裘藜杖绕山回。

他经常描写自己穿着沉重的木屐，这暗示了他可能有某种身体上的残疾，大概是由于年轻时一次骑马意外造成的。有一些描绘他的艺术作品，显示了一个样子古板的隐士，头发蓬乱，表情疯狂，几乎是一个滑稽人物，在荒山野岭中过着"野蛮未化"的生活。

寒山的诗歌中包含着典型的佛教告诫：贪恋红尘俗世是危险的。诗中充满了隐喻，以及山林荒野的鲜活形象。尽管它们通篇点缀着佛教和道教的概念，但寒山有他自己对生活的思考，经常暗示，农夫和"老叟"拥有很多道家学者都会极力仿效的智慧，大部分学者只会"努膊觅钱财"。

寒山没有把自己的诗歌记录在纸上或绫上，而是把它们雕刻在树木、竹子以及岩石的表面上。这些诗用中文口语写成，常常冒犯所谓的"诗书"传统。直到他去世大约200年后，他的诗歌才被人搜集整理，编纂成册。

日本的隐士

佛教最早在6世纪中叶传到日本。当时，朝鲜王室给日本大和朝廷送来了一尊很小的铜佛像，同时送来了一批精选的佛教经书。这种新的冥思型的信仰轻而易举地扎下了根，与日本的神道教以及那些居住在山里的神秘"圣人"并排而列，长期以来，这些圣人相信，大山是死者的住所。尽管早期出现了一次挫折，并导致人们把天花的爆发归咎于佛教的引入，但佛教在日本还是兴盛了起来。它提供了探究生活的内省途径，并为庞大的寺院网络以及一代代避世隐居的圣贤提供了丰饶的哲学基础。

平安时期（794～1185）是日本文学艺术（尤其是诗歌）发展中的一个文化分水岭，而诗歌这一艺术门类很快就会不可阻挡地与追求宗教苦修纠缠在一起。794年，桓武天皇下令把首都从奈良迁到平安京（今天的京都），这一高度象征性的行为引导了一个和平、繁荣和稳定的时代，持续了400年的时间。正是在这一时期，一座朴实无华的寺院在京都城外比睿山那森林茂密的山坡上建立起来了。到这座寺院在700年被本土军阀织田信长烧为平地的时候，它在很长时间里一直是日本的宗教中心，也是日本历史上最大、最受尊敬的寺院之一。创建这座寺院的僧人是一个名叫最澄（Saicho）的日本高僧。

最澄

公元767年，最澄出生于日本的一个佛教家庭，本名三津首广野（Mitsu no Obito Hirono）。他12岁开始学佛，逐步遍历奈良的各级神职,最终对佛教界过于看重物质世界而深感失望。785年他在奈良的东大寺削发出家,788年创建了比睿山寺,独自一人在山上生活了12年,直至实现开悟。仅这一行为,便代表了8世纪日本佛教实践的根本改变,之前的日本佛教几乎完全是一种城市现象。就退隐山中过独居生活而言,最澄可以说是日本佛教在山林中寻求独处这一做法的始作俑者。

桓武天皇尽管已经下令把首都迁到京都,但他相信,来自东北部的恶魔还是会威胁到新的政府中心。因此,出于同情天皇的担心,最澄把比睿山寺修建得仿佛是一座堡垒,装备了防御工事和城垛,这样做使得最澄和他正在发展的寺庙建筑群都深得天皇的喜爱。最澄成了桓武天皇的赞助的受益者,尽管天皇一直是孔子的虔诚信徒,也抱有日本独裁统治者看待佛教"新"学说时的那种怀疑态度。在天皇的要求下,最澄在804年去了中国,在天台山一座寺院里师从中国高僧研习佛学。次年,他带着天台宗回到了日本,那是大乘佛教的一个分支。这一佛学思想允许人们接受各种不同的神道教观点和美学观点,因为它相信,开悟的种子可以包含在一切事物当中。

最澄认定,他的寺庙的存在,主要是为了把佛法中的节俭规诫教给住庙众僧。作为一个真心相信苦行生活的神圣性的热忱信徒,他坚持认为,每个僧人都应该在庙里接受为期12年的训练。有些僧人获准进入政府,他们的影响力帮助把比睿山寺转变成了那个时代最强有力的政治机构。

今天,比睿山寺的僧人被称作"马拉松僧",因为他们通向开悟之路涉及一系列百日马拉松跑。这意味着他们要穿着稻草做的跑鞋,每天跑上80公里(50英里)以上的路。比睿山上的寺庙建筑遍及3个区:西门区、东门区和吉川町。最神圣的建筑是16世纪的中殿,它所在的地方,据说是最澄当年给自己修建隐士棚的地方。中殿祭坛前方的三个主灯笼,据说是最澄亲手点亮的,从那时到现在,它们一直燃烧着,从未间断。

| 隐士的生活

空海

公元 774 年，也就是在最澄出生 7 年之后，伟大的书法家、工程师和高僧空海出生在四国岛一个贵族之家。长大后，他被送到奈良一所官办大学里研习儒学，但他对儒学的规诫深感失望，于是便把注意力转到了佛学研究上。佛学训练结束之后，他去奈良周围的山林中云游了 10 年。

804 年，空海跟随一支 4 艘船组成的小船队去了中国，研习最早被称作密宗佛教的经文《大日经》。他预计，他在中国的训练要花将近 20 年的时间，但他的师傅惠果说，向空海传授佛法就像"泻瓶"一样容易。806 年，空海作为密宗宗师回到了日本，带回了几卷梵文经书，这些将为日本密宗的发展提供基础。810 年，空海成了奈良东大寺的主持，世界上最大的木结构建筑"大佛殿"就在东大寺的中央。816 年，空海得到嵯峨天皇的许可，在高野山的山坡上建造了一座隐修院，并在淳和天皇统治时期成功地创立了自己的佛教分支，被称作"真言宗"。

空海生命中的最后三年是在高野山度过的，过着相对与世隔绝的生活，在冥思苦想中打发时光，直至 835 年去世，享年 72 岁。

西行

平安时期见证了日本的文化身份独立于中国影响的开始。日本依然只是一个松散的联盟，只有 500 万人口，在 66 个偏远县的日常生活中，平安朝廷几乎不存在，其中很多县实际上一直是自治的。从 8 世纪至 12 世纪，平安朝廷的统治几乎只限于自身，而日本历史上最著名的诗人和隐士正是出生于这个岛国朝廷，他将把佛教与诗

西行法师常常在深山中旅行,抛弃一切社会联系。他的诗歌反映了人生的短暂性。

| 隐士的生活

歌融合在一起，并使这一结合成为未来几个世纪里日本宗教隐士的标志性特征。

佐藤义清（Sato Norikiyo）1118 年出生于藤原家族的佐藤分支，这个家族自平安朝廷统治以来便是当权的统治阶层。在 12 世纪，藤原家族便开始通过推选儿皇帝作傀儡来行使权力。这样一来，这个精英集团便可以继续统治国家，同时看上去似乎放弃了对权力的掌控。佐藤家族是藤原家族军事上的左膀右臂，受过专门的训练，为的就是维护这个精心设计的骗局，并保持藤原家族一直当权。

年轻的佐藤义清过着与世隔绝的特权生活，从小时候开始就作为一个武士来培养，曾在两位先皇的宫里效力，是一个精英武士团队"北面武士"的成员。作为住在宫里的人，他开始写诗，起初并没有提到平安朝廷里固有的矛盾和伪善。看来，他注定要度过舒适、服从的一生。

然而，他很快就沉浸于佛教的学说中，没过多久，他便对皇宫深感不屑，对世俗生活有一种斯多噶学派式的厌恶。22 岁那年，他抛下了这一切，削发为僧，法号西行。他在京都郊区的寺庙里生活了两年，但川流不息的游客和来访者使得寺庙的生活变得让人无法忍受，因为他已经变得十分讨厌社会及其所有的外在表现。

"隐士艺术家"的固有形象更多地强调"艺术家"，而不是"隐士"，通常只导致短时间地脱离社会。尽管西行似乎符合这一形象，但他的退隐山林更符合"遁世"的概念：完全弃绝所有社会联系，这也成为了一种根深蒂固（尽管不是十分流行）的日本佛教传统。西行不打算回到他出生的城市，而是计划着手一次旅行，旅行本身就是目标，没有任何具体的目的地。他对人工环境及其社会结构的短暂性的看法，可以从他早年的一首诗中看出：

蛛网上
娇弱的露滴

第 5 章 弃绝社会：中国和日本的隐士诗人

是串在项链上的珍珠

被人类编织的这个世界佩戴：

一个正迅速消失的世界

平安朝廷构建起来的世界在 1156 年的保元之乱后便开始瓦解，那是藤原家族内部为争夺王位继承权而展开的一场权力之争。这场冲突导致武士家族的政治权力和影响力有所增长，两派都为了自己的利益而争相利用武士阶层。武士曾经是天皇的仆人，如今演变成了骑着战马、披着盔甲的战斗集团，附属于不同的贵族和地方军阀。

正是在这个动荡不宁的时期，西行法师挥笔著述，这场混乱也反映在他的诗歌中。他成了一个漫游者。他从京都郊外的一座寺院搬到了高野山中，那里是空海法师创立的真言宗的中心。在接下来的那些年里，西行法师常常在两次旅行之间回到高野山，其中有几次在那里度过了一年中的大部分时间。正如西行法师短暂的"枯萎世界"没有留下任何永久性建筑一样，一个家也是不可能的。是"旅行"成了这个隐士的家。西行法师成了他那个时代旅行最多的人，毕生的漫游导致他把自然看作是佛，把佛看作是自然。

鸭长明

在 12 世纪的日本，很难找到生活在与世隔绝中的隐士的实例，当时，寺院是那些想要追求独居生活的人的首选。享有盛名的作家、随笔作家和诗人鸭长明（Kamo no Chomei）究竟为什么像西行法师一样，抛弃了宫廷及日本寺院既定的社会结构，去追求独居生活？对于这个问题，传到我们手里的历史文献并没有清楚的说明，但他确实这样做了。

鸭长明 1154 年前后出生于京都东北部一个乡村地区的富裕之

| 隐士的生活

家。父亲鸭长津是下鸭神社的总管，那是日本最古老的神道教神社，始建于6世纪初。有了父亲的帮助和指导，鸭长明在神社信徒的等级序列中稳步上升，到7岁的时候，他已经升到了第五等级的位置。1173年，父亲突然去世的时候，他还不到20岁，失去了凭借父亲的地位所得来的特殊身份。没过几年的时间，他便离开了神社，住到了祖母家里，然后又从那里搬到了他在鸭川河畔给自己建造的一间小木屋。

父亲去世之后，鸭长明开始对诗歌产生了持久的兴趣。生活在鸭川河畔的时候，他就写了一首诗《方丈记》（*Hojoki*），其第一行后来变得十分有名，因为它试图捕捉日本人的一种信念——这个世界稍纵即逝的短暂性：

逝川流水不绝，而水非原模样。滞隅水浮且消且结，那曾有久伫之例……

在12世纪最后几十年里，一连串的自然灾难降临京都。1177年，一场大地震给这座城市造成了毁灭性的破坏。3年后，一场龙卷风横扫了它的周边地区。1181年的一场饥荒，以及1185年的又一场地震，使京都看上去像一座被诅咒的城市。很可能是这些灾难，部分程度上导致鸭长明最终离开了这座城市，到山林中过着隐居生活。

独自在山中，鸭长明沉湎于对诗歌的热爱，结交良师益友，这些人邀请他到本地的神道教神社里诵读诗歌。1181年，他印行了一本诗集，从此成为诗歌圈子里的正式一员。这些圈子既有神道教僧人，也有佛教僧人，还有朝臣以及组成上、下鸭神社教众的其他人。他开始为皇家诗歌部门工作，在那里一直呆到了1204年。当时，他决定远离日益腐败的宫廷生活。没有家人可以与之交谈，也没有任何东西吸引他继续过城市生活，他于是皈依了佛教，过上了隐士生活。

正是在避世隐居的那些年里，鸭长明建造了鼎鼎大名的"方丈居"。他写道："我建造了一间茅舍以度余年。"这间小屋面积只有3

第 5 章 弃绝社会：中国和日本的隐士诗人

×3 米（10×10 英尺），屋顶的高度只有 2.1 米（7 英尺），是用茅草铺成的。茅屋安装了接榫，这样一来，他就可以把它从一个地方移动到另一个地方。有一个竹门廊，室内有足够的架子，用来储藏一些圣水、音乐和诗歌方面的书籍，以及五花八门的经书。像寄居蟹和蜗牛一样（它们的住处只要大到刚好能满足生存的基本需要即可），鸭长明的方丈居也只有一张床用于休息，一把椅子用于白天坐，这些就是他所需要的一切。"我没什么雄心壮志，也不想在红尘中厮混。我只寻求安宁和没有悲伤的喜悦。"

写完《方丈记》的时候，鸭长明已经是个老人，这本书是他在京都以东的山中藏身之地开始撰写的。书中，他描写了正在腐烂和被烧焦的肉体的恶臭，描写了灰烬和残骸的恶臭，这样的恶臭充斥于空气中，在世界最大的城市之一中窒息着人的生命。接下来，当他接近这首史诗的末尾，诗人开始让我们瞥见他的内心。他大胆地承认，他对自己决定在一系列越来越狭小、越来越偏僻的住处过独居生活的合理性有所保留。看来，他似乎成了一颗饱受折磨的灵魂，对自己历经降临于京都的灾难而幸存下来深感烦恼——大概被这样一种悲痛所压倒：自己幸存了下来，而别人却没有逃过劫难——在目睹和记录其他人的苦难中，看不出有任何高尚的或值得羡慕的东西。鸭长明似乎与他的隐士世界格格不入，总是质疑隐士决心对周围的世界漠不关心的道德性。

不过，鸭长明依然继续写诗，直至 1216 年去世。在 1208 至 1209 年间，他创作了一系列诗歌和轶话，题为《无名抄》（*Nameless Notes*），1215 年，他完成了《发心集》（*Examples of Religious Vocation*）的创作。

一遍上人

一遍上人是 13 世纪的一位隐圣（hijiri），他不仅拒绝世俗生活，

| 隐士的生活

圣人、贤士和隐者：中世纪日本的隐士

关于宗教云游隐士，有几个截然不同的表述出现在 12 世纪的日本，直至中世纪晚期。

圣人是这样一种宗教隐士，他们完全弃绝周围的世界，过着绝对与世隔绝的苦行生活。

贤士是这样一种隐士，他们努力过圣人那样的艰苦生活，但他们发现，自己没有能力切断一切社会联系的纽带，也没能力过那种野蛮严酷的苦行生活。

隐者是浪迹天涯的漫游者，他们积极地寻找荒野地区。他们成了整个日本足迹最广泛的隐士，不像那个时代大多数苦行隐士，他们并不讨厌其他人的陪伴。

而且还拒绝寺院生活。他是佛教"净土宗"的倡导者——这一佛教分支认为，通过独自冥思实现涅槃，即便不是不可能实现、至少也是很难实现的目标——他鼓吹崇拜阿弥陀佛，那是大乘佛教的一尊天佛，他指引信徒走上开悟之路。

一遍还因为抛弃了财产和家庭联系被称作"游行上人"。他认为隐居棚是不相干的、世俗的，这一观点使他远离他那个时代的其他隐士。即便是最狂热的隐士和僧人，也会以一种骄傲的、甚或是崇拜的态度看待自己的隐居棚。而一遍上人仅仅把它看作是一个临时的、必需的建筑，应该像其他世俗财产一样，以同样的鄙视态度来对待它。

山林隐士的概念始终是佛教所固有的，因为佛教徒相信，独自一人居住在山顶上，是一种远比最无私的世俗追求更加高级的生活方式。一遍上人带着一小群灰袍信徒，遍游日本的山川河谷，前后4

第 5 章　弃绝社会：中国和日本的隐士诗人

山伏：日本的超自然山林隐士

  日本还有另一个山林隐士群体，像一遍上人的净土宗僧人一样，他们也践行克己和苦行——然而，他们并不把它作为一条通向开悟之路，而是作为一种获得"超自然"能力的手段。这些人就是神秘的"山伏"（yamabushi）。

  山伏，也就是那些"藏在山里的人"，是一些与世隔绝的山林隐士群体。他们追寻一种古老而神秘的日本传统，被称作"修验道"。它最开始是作为佛教、神道教和泛灵论信仰的融合，加上了一些道家法术的成分。修验道由役小角（En no Gyoja）创立，他出生于 634 年，据说是个占卜师，拥有神奇的力量。他生命中最后的那些年是个谜；有人说他被指控搞巫术，被驱逐到了一个遥远偏僻的县，有人说他逃到了中国，并死在了那里；还有人坚持认为，他决没有死，而是被带到了天国，成了神仙。

  要成为一个山伏，需要研究大自然，阅读宗教经文，但正是他们对武术的掌握，把他们区分开来。为什么他们觉得需要习武，甚至有时候穿着武士的装束，这一点并不清楚，尽管武士对他们的山林退隐地的逐步侵蚀很可能是一个因素。避世隐居的山伏成了日本民间传说的一部分；传说中，这些人穿着白色和藏红色的衣袍，在日本各地因为他们神秘而玄妙的力量而广为人知。

年，因为一种拙朴的诗歌风格而赢得了名声。他的诗歌没有日本一些大师级诗人的那种老练世故和苦行格调，而是以一种清新、直接的风格，对凡夫俗子讲述简朴的隐居生活：

> 想你居无定所，
>
> 想想一个永久的家，
>
> 然而毕竟，房子无所不在，
>
> 你决不会被雨淋湿。

一遍上人身上从不带钱，"风林之中"便是他的家。他拒绝用绫罗绸缎装饰自己（这在当时的日本寺院群体中十分常见），不沾酒，不吃肉。他把藏身之处、食物和衣服看作是"恶"，对世俗事务漠不关心。尽管涉及艰苦的修行，但一遍及其他人（比如法然上人）的净土宗学说在接下来的几个世纪里大受欢迎，因为它允诺，在阿弥陀佛的净土中，信徒们将得到永恒的拯救。

禅宗

禅宗是大乘佛教的一个分支。这一派声称，开悟的获得，不是通过信仰，而是通过沉思和冥想，它的起源迷失在历史和神话的混合中。佛陀最早在印度所获得的对冥思的洞察，在6世纪经由印度云游僧人菩提达摩传到中国，很快就被中国学者和宗教精英所信奉，最终发展成了禅宗。

然而，直到12世纪末，禅宗才在日本牢固地扎下跟来。日本僧人明庵荣西（Myoan Eisai）先后在1168年和1187年两次去中国。他在那里获得禅宗法师的资格，并在1191年回到了日本。禅宗的寺庙中心在日本发展得很慢，直至13世纪末，荣西禅师的弟子们才联合起来，决心让禅宗兴盛起来。其中一个弟子永平道元（Dogen Kigen）面对曹洞禅的强烈反对，被迫创立了自己的追随者小团体，躲到了越前城外的山中。另一个弟子圆尔辩圆（Enni Bennen）在中国朝圣 6 年之后回到了日本,接下来在京都创建了一座成功的寺院。

到 13 世纪中叶,来自中国的禅师开始抵达日本,人数越来越多。他们既向宗教人士、也向俗家子弟传授教义,而日本禅师越来越多地去中国旅行,那里有成熟的禅寺网络,他们去那里学习禅寺的规章制度,以及不断发展的禅宗冥想世界里最新的表达。到 1350 年,日本的禅寺已经牢固地确立,而且组织得很好,完全能够独立生存,不再需要来自中国的培养和支持。到这个时候,已经用不着去中国当学徒了,开悟也用不着中国人来颁发"印可"了——这是一份文件,授予一个人开坛讲禅的权威。日本典型的禅宗方法强调遵守法则和规章,不像西方大多数修道院的方法那样强调献身和祈祷,更看重潜藏在我们内心里的真理。

在 14 世纪最后几十年和 15 世纪初,日本的禅宗佛教徒促成了隐居艺术和诗歌的急剧增长。其中很多作品的产生,不是在山林隐居处,而是在城市的寺院里,被称作"五山禅"(gozan zen),是一种官办寺庙制度。到 16 世纪初,两个主要禅宗流派临济宗和曹洞宗(其起源分别可以追踪到圆尔辩圆和永平道元)得以创立,成员多达数千人,包括很多寺庙、分庙和隐修院。

松尾芭蕉

> 飘零居客旅,雁病却重重。
> 孤身寒梦里,似在荒野行。
> ——松尾芭蕉

1694 年,距离大阪城不远的地方,在晚秋逐渐暗去的暮色里,一位日本诗人的弟子们怀着沉重的心情,送走了老师。头天夜里,他们围拥着炭火,煮了一点菜粥,希望老师的病能好起来,但一切

隐士的生活

都是徒然。他的脸被描述为在死亡中显得很美,仿佛睡着了一般。

数以百计的哀悼者出席了葬礼,诗人被安葬在小松市的义仲寺,紧挨着一棵老柳树,长眠在田神山的阴影里。伟大诗人松尾芭蕉(Matsuo Basho)的临终愿望得到了尊重,江户时代失去了它最伟大的诗人之一。

松尾芭蕉 1644 年出生于本州西部多山的伊贺国,父亲是个武士。还是个孩子的时候他就开始写诗,第一首诗发表于 1662 年,当时他 18 岁。他心目中的英雄是 12 世纪的诗人西行法师,他的云游天下激发了松尾芭蕉追寻同样的道路。

在回忆录《敝囊纪行》(Travels of a Well-Worn Satchel)中,他讲述了旅途的喜悦。他穿越了日本遥远偏僻的山川河谷,蹒跚着走过一些与世隔绝的荒凉地区,一座简陋的茅屋可以提供夜晚的藏身之地。所到之处,都让他想起西行法师的遗产,想象西行法师会如何对待他所找到的宁静。

在栗子树的树荫下小憩片刻,他便会思考他的名著《奥之细道》(The Narrow Road to the Interior)。这本书记述了 1689 年他在江户(今天的东京)北部地区 5 个月的艰苦跋涉:"我觉得我仿佛置身于深山中,诗人西行曾经在那里采摘坚果。"

松尾芭蕉出生于一个低阶武士家庭,从小给人当侍童,直至 22 岁。成年的时候,他继续追求他的诗歌,但俳句作为一种文学体裁尚处于婴儿期,没有特别高的地位,日本社会也没有把俳句创作看作是一种值得嘉许的职业,能给年轻诗人带来体面的生活。然而,在整个 1660 年代,他继续有规律地发表自己的作品,直到 1670 年代。1674 年,他被俳句这个行当所接纳。仅仅 6 年之后,他获取了相当体面的生计:教一群弟子学诗歌。但在个人生活中,他一直不得安宁,心中很是不满。他的弟子们为他建造了一个隐居棚,这成了他可以说是自己的第一个永久性的家。

1682 年,他的隐居棚被烧为平地,第二年,他的母亲辞别人世。

第 5 章 弃绝社会：中国和日本的隐士诗人

还是个孩子的时候，他就失去了父亲，松尾芭蕉如今既没有家，也没有家人。他的悲痛变本加厉。1684 年，他离开了江户，开始了他 4 次艰苦的朝圣之旅中的第一次。松尾芭蕉把这第一次漫游称作"饱经风霜的骷髅之旅"，那无疑是一项艰巨的任务，走过 12 个地区，穿越富士山麓。沿途的经历，构成了他几部游记中第一部游记的基础，也标志着一种更成熟的诗歌风格的出现。

在第一次旅行之后，松尾芭蕉于 1685 年回到了江户，继续教书，并发表了一组诗歌，题为《旷野纪行》（*Account of Exposure to the Fields*），这些诗是他在外旅行时写的。接下来，他在"芭蕉庵"里生活了两年，但更多的旅行接踵而至。1687 年，松尾芭蕉已经是一个深受尊敬的著名诗人，他着手另一次旅行，这一次向西去上野，并去吉野山观赏著名的樱花。他徒步走到了大阪，到了京都，进入本州中部的茫茫群山，然后回到了江户。松尾芭蕉徒步走了将近一年，到这一阶段，他已经完全迷恋上了旅行生活，并对仿效云游僧人的生活越来越感兴趣，这些僧人唯一的财产是一只讨饭的碗。既然很欣赏隐士的苦行生活，松尾芭蕉接下来便计划他到那时为止最广阔、最艰苦的旅行——进入本州北部偏僻的荒野地区，全程 2500 公里（1550 英里），一路上只有他的徒弟曾良（Sora）陪伴。正是在这次纪念碑式的旅行中，松尾芭蕉创作了日本历史上最伟大的诗体日记《奥之细道》。

紧接着这次旅行之后，松尾芭蕉用了大量的时间来拜访京都内外的老朋友，沉浸在与世隔绝的隐居生活中，住在他位于琵琶湖畔的密林中的"幻住庵"里。他还在一位朋友的房子里住过一段时间，这幢房子被称作"落柿舍"，位于京都郊外。1691 年，松尾芭蕉回到了江户。他作为一个诗人的名声使得他不断接待川流不息的来访者，这并没有给他带来多少快乐。他亲手写下的一些文牍和书信表明，他对缺乏独处越来越感到苦恼。"被他人所扰，没有心灵的空间"，他这样写道。

旅行中的松尾芭蕉跟两个在路边喝茶的人交谈。这位伟大的俳句倡导者为了寻求内心的平静,进行过一些漫长的朝圣之旅。

第 5 章 弃绝社会：中国和日本的隐士诗人

松尾芭蕉最终决定，要想过上平静的生活，就必须要么放弃诗歌，要么弃绝人群。具有讽刺意味的是，曾经让他能够超脱于日常关切和世俗义务的诗歌，如今却成了红尘俗世侵蚀他的宁静的催化剂。他决定把自己关起来，远离外部世界一个月。"孤单将会成为我的朋友，贫穷将会成为我的财富，"他在一封信中这样写道。

> 早晨壮丽辉煌，
> 白天，牢牢插上
> 前院大门的门闩。

在旅行中，松尾芭蕉沉浸在贫穷中，没有多少可以算作自己的东西。今天，他被认为是俳句诗歌早期形式最优秀的倡导者，这一形式严格地把 17 个音节分为三组，分别是 5 个、7 个和 5 个音节，合并为一个季节主题。

1694 年，松尾芭蕉采纳了被称作"空灵"（karumi）的佛教原则。这一原则涉及部分接受世界的无常和虚幻，不那么强调分隔。他再次去上野、京都和琵琶湖旅行，然后回到江户。接下来继续上路，作最后一次大阪之行。一个年华老去的孤独旅人，完全意识到了即将到来的死亡。松尾芭蕉知道自己将死。他的弟子们匆匆赶往大阪，陪伴在他身边，他最后一首俳句写道：

> 旅途罹病，
> 荒原驰骋梦魂萦。

松尾芭蕉几乎是以一人之力，把俳句转变成普遍接受的文学体裁。在他去世之后，对他的诗歌的欣赏达到了文学中十分罕见的高度。神道教的统治集团甚至在 1793 年把他祀奉为神，对他的作品的任何批评都被认为是渎神。

| 隐士的生活

良宽

  在日本历史上所有伟大的隐士和诗人当中，很少有人像伟大的怪僧良宽（Ryokan）那样，赢得那么多的喜爱和同情。良宽1758年出生于越后国（今天的新潟县）。那是一个偏僻而多风的地区，位于本州西海岸。他早年便弃绝红尘，在圆通寺师从国仙（Kokusen）禅师，并在那里获得了"印可"，但他很少使用这一权威。正是在那里，他采用了"良宽"这个法号，还有了第二个头衔："大愚"。这是为了故意攻击他那个时代宗教精英的自命不凡。

  良宽离开了圆通寺，再也没有回来。接下来的十年，有很多时间他是作为一个托钵僧在日本各地云游中度过的，食物和遮风挡雨的藏身之处全靠陌生人的施舍。他遵循日本隐士诗歌的传统，是一个身手不凡的书法家，但他没有什么财产，过着简朴而卑微的生活，几次拒绝担任僧职的邀请。良宽对生活抱有简单质朴、无忧无虑的态度，这常常反映在他的诗歌里，他感觉不到有什么必要去教导或劝诫别人。

> 生涯懒立身，腾腾任天真。
> 囊中三升米，炉边一束薪。
> 谁问迷悟迹，何知名利尘。
> 夜雨草庵里，双脚等闲伸。

  三十几岁的时候，良宽回到了老家越后国，住在国上山的一座寺庙里，此后的36年他一直呆在那里。当这座寺庙被一场大火所毁的时候，他搬到了附近一座被称作"五合庵"的木屋里，独自一人在那里生活了10年。这座木屋至今尚存。

第5章 弃绝社会：中国和日本的隐士诗人

寂：日本隐士孤独的声音

寂（Sabi），直译就是"孤寂"的意思，但它真正的意思远比一个简单的定义所能传达的意思复杂得多，层次丰富得多。这个词的起源，以及它在文学中的出现，可以追踪到9世纪中国儒家和道家的门徒，但是，当它被西行和松尾芭蕉这样的日本隐士诗人所使用的时候，"寂"就成了一个象征性的词汇，象征着构成日本隐士的生活和经验之核心的一切事物。"寂"所激发出的各种不同的微妙情绪，给日本隐士诗歌带来了丰富性和深度。它反映了佛教的"无常"概念、生命和财产的短暂性的概念。它表达了一种压倒性的忧郁感和精神渴求，表达了一种孤独感和遗弃感，以及摆脱了这个红尘俗世的束缚和物质主义的自由感。松尾芭蕉的一位弟子曾经把"寂"描述为"一首诗的色彩"，相当于希腊人的"怜悯"概念。它还被看作是大自然内部一个固有的元素，是日本诗人的终极灵感，但最重要的是，它反映了一种对我们周围世界的短暂性和未完成性的理解，反映了一种个人从简单的日常事物中得到快乐的生活方式。"寂"的元素不仅仅局限于诗歌，在其他的日本传统艺术中也可以看到它，比如盆景、书法和歌舞伎。

索索五合庵，实如悬磬然。
户外竹一丛，壁上偶几篇。

良宽最终离开了他的五合庵，与附近的乙子神社的僧人住在一起。他很快成了当地一个深受喜爱的人物，总是与孩子们一起嬉戏，与本地的农夫一起喝酒。关于他古怪行为的故事成了现代日本一些

| 隐士的生活

宫岛：隐士之岛

宫岛长期以来一直是一个宗教崇拜的中心，通常被认为是日本三个最美丽的地方之一。它是距离广岛海岸不远的一座小岛，位于濑户内海，面积只有30平方公里。海拔530米的弥山高耸于白橡树、针叶树和枫树组成的原始森林之上，它的山峰俯瞰着这座小岛。最早的佛教僧侣于公元6世纪到达日本很久之前，神道教的圣人和隐士——他们的名字如今已湮没无闻——就在它森林茂密的山坡上过着冥想和独居的生活。岛上主要的宗教场所是著名的严岛神社，始建于593年，1168年得以扩建。它那像码头一样的设计，给人以飘浮在水面上的感觉。它包括一个主殿和几幢次要建筑，所有建筑都通过栈桥和步行道的网络连接起来。临近的丰国神社是一座四层高的宝塔，是在1407年奉日本著名武士丰臣秀吉（Hideyoshi Toyotomi）之命而建造的，是中国和日本建筑原则天衣无缝的成功结合。岛外飘浮在水中的鸟居，是日本的标志性形象之一。这些建筑分别奉献给神道教的海洋女神湍津姬神、田心姬神和杵岛姬神，整个建筑群已经被列入国宝名录和联合国教科文组织世界文化遗产名录。6世纪最初神社的修建，是在强有力的平氏家族治下开始的。他们相信，这座小岛是如此神圣，以至于不允许它的土地上有生和死发生。

最受欢迎的寓言。良宽喜欢孩子，当他全神贯注地与一群乡下孩子沉湎于游戏或讲故事的时候，常常忘记了收集施舍。有一个故事讲到他跟一群孩子玩捉迷藏游戏，他躲在一块地里，没有被发现。夜幕降临，孩子们各自回家，而良宽一直呆在地里。当那块地的主人

第5章 弃绝社会：中国和日本的隐士诗人

中国和日本的隐逸画

1366年，中国画家倪瓒（1301～1374）离开了自己的家，以避免被四处劫掠的红巾军所杀。他独自一人漫游在他童年时代的风景中，并在成书于明代的《隐逸传》中提到过。今天，他被视为中国艺术万神殿中的巨人之一。他拒绝让人物出现在自己画作中，这使得他的作品充满了一种无边的孤独感，并与他那个时代的习惯背道而驰，当时，绘画的重点放在表现人物上。他笔下那个空旷寂寥、忧郁感伤的世界，反映了他所过的那种孤独生活，证明了一种在艺术中很少找到的微妙和自制。倪瓒还是第一个提供标题、以帮助观看者解释绘画的人。他和另外一些同时代的元代画家，比如王蒙和钱选，发展了一种绘画风格，后来被称作"逸"的遁世精神。这种方法强调个体对周围世界所作的个人化的内在解释，导致绘画描绘那些孤独而寂寞的人物，比如吴镇的《秋江渔隐图》。

"隐逸画"是日本所特有的一种类型，其例证可以在整个日本绘画史上不同的形式中找到。令人吃惊的是，隐逸画所描绘的，绝大多数是中国隐士，而不是日本隐士，他们过着典型的独居生活。说来也怪，我们在日本绘画中所看到的那种中国隐士生活，始终是一种田园牧歌般的生活，隐士们在不可思议的田园风光中过着快乐无忧的生活，摆脱了人们普遍跟隐居生活联系在一起的那种艰苦和匮乏。

隐士的生活还被表现得看上去不像实际上那么孤独。艺术家往往把隐士表现得生活在群体中，而不是生活在与世隔绝中，从事一些与高雅的文化修养和贵族联系在一起的活动和实践。日本隐逸画中的隐士在政治上始终有着矛盾的心态——超然独立，惊奇于壮观的瀑布，总是满怀敬畏凝视着高远的风景和田园牧歌般的"伊甸园"。这些理想化的描绘还把退隐处表现为精心设计的建筑，其画法更多地是尊重日本的审美观念，而不是建筑学的准确性。

| 隐士的生活

发现他的时候，已经是第二天早晨。良宽先前答应过不出声："嘘，别出声，否则的话，孩子们会发现我。"

谁我诗谓诗，
我诗是非诗；
知我诗非诗，
始可语言诗。

不像其他僧人，良宽从未主持过一座寺庙，从未有过一帮弟子，也从未参与过吟诵经文。他独立地追求他的书法和诗歌，用日本的短歌（tanka）与和歌（waka）风格写作，鄙视学院派关于"正确的"诗歌构成观念。

良宽最喜欢的诗人之一根本不是日本人，而是8世纪中国隐士诗人寒山。要不是他在69岁那年遇见了一个很有前途的诗人、名叫贞心的年轻尼姑，良宽很可能不为世人所知。贞心是一位武士的女儿，她与良宽第一次相遇的时候刚刚29岁。他们坠入了爱河，互相交换了一些美丽的情诗。良宽1831年去世的时候，贞心就陪伴在他身边。良宽去世之后，贞心把他的诗歌搜集在一起，于1835年出版了一本诗集，题为《莲之露》（Dewdrops on a Lotus Leaf）。

第6章 寻求庇护所：隐士艺术家和名人

> 作家要么是一个现行的隐士，要么是一个失职的、被负罪感所折磨的隐士，要么二者兼而有之。通常兼而有之。
> ——苏珊·桑塔格，《纽约时报》1986年1月5日

> 我想一个人呆着。
>
> ——葛丽泰·嘉宝

隐士（recluse）这个词来自拉丁文单词 recludere，意思是安静或隔绝。它所表达的接近隐居生活的途径，比宗教隐士的途径更宽泛、更世俗，而且不那么容易分类。任何人都可以成为隐士，尽管尤其是艺术家，有相当长的历史，把自己与社会的喧嚣和娱乐隔绝开来，好让他们能够正确地思考，追求他们特殊的兴趣。他们的动机，更多地是创造性的，而非教条性的。有些人在实现自己的创造潜能之后，发现自己不可能应付"名人崇拜"，而这种崇拜正是富人和名人的宿命。公众对名声的痴迷，可能对一个人应对曝光的能力产生深远的影响。这种曝光来自于一个人在艺术、音乐、电影甚或政治上的成功。

艾米莉·狄金森

最著名的艺术隐士之一，是伟大的美国诗人艾米莉·狄金森（Emily Dickinson）。狄金森之所以有名，既是由于她的诗歌，也是由于她的隐居生活。她出生于 1830 年，有一个特别孤独的童年时代，生活在霸道父亲的阴影下。父亲保守而褊狭的性格，以及他对女人在社会中所扮演角色的传统观念，使他对艾米莉十分冷淡，这对她成长为一个内向而孤僻的孩子有一定的影响。母亲心地善良，说话轻声细语，性格温和，逆来顺受。父母的婚姻给艾米莉留下的印象，有朝一日将会导致她在自己的一首诗中把婚姻比作"海上的葬礼"，并描述自己有时候觉得像一个"没有妈妈的孩子"。

艾米莉在马萨诸塞州的阿姆赫斯特学院念了 7 年书，那是美国最好的文科大学之一。可是，尽管她接受的是古典教育，包括希腊文、拉丁文和生物学的学习，但她没有兴趣追求中学教师的生活。那年头，对于一个受过教育的女性来说，当中学教师是首选。当学业完成的时候，艾米莉回到了家里，跟父母生活在一起，越来越长时间地独自一人呆在卧室里，那里俯瞰着当地的墓地，很少有客人到访。

在 1850 年代晚期，艾米莉开始把她的诗歌记录在她所说的小册子上。学者们至今争论不休，她在创作这些诗歌的时候，脑子里究竟有没有任何组织法则。终其一生，她创作了将近 1800 首诗歌——1862 年写了 366 首，平均每天一首——但她生前只发表了 10 首作品。在她生命最后 20 多年的时间里，从 1860 年代晚期直至她 1886 年死于肾病和高血压，她几乎没有离开过自己的家。人们经常看到她在自家的院子里散步，开始把她称作"白衣女人"和"阿姆赫斯特的修女"，因为她喜欢穿白色的衣服。当地人认为她不过是一个

第6章 寻求庇护所：隐士艺术家和名人

"古怪的隐士"。然而有大量的证据表明，她患上了一种社交恐惧症，看上去似乎更有可能。她决定过一种隐居生活是故意为之，是为了使自己的诗歌产量最大化，并让自己相信，写诗不仅是一个不断发展的职业，而且还会带来身后的名声。她对自己的孤独气质的自我意识，被优美地捕捉在下面这段话中。这是她在1877年初春写给玛丽·钱宁·希金森（Mary Channing Higginson）信中的一段话：

> 他们可能不需要我——然而也可能需要——
> 我会让我的心刚好被看到——
> 像我这样微小的笑意
> 可能正是他们所需要的——

就在艾米莉·狄金森刚刚去世之后，她到此为止尚不为人知的40册诗歌（手订的小册子）被她妹妹拉维妮雅（Lavinia）在家里发现了。尽管许多年来，她的作品在她写给家人和朋友的很多信中已经得到了无声的表达。

拉维妮雅在安排姐姐的三卷诗集在艾米莉去世后的那年出版这件事上起了关键作用。尽管诗人使用的语言不同寻常，她对"破折号"的偏爱，还有她古怪的拼法和标点，导致她的作品不得不为出版而"重写"。因为出版者真诚地相信，公众会发现，她的原文太不合常规。直到1950年代，编辑托马斯·约翰逊（Thomas Johnson）"没有编辑"她的诗歌，按照最初的样子公之于世。在这样做的时候，约翰逊把艾米莉·狄金森抬高到了美国文学的顶峰。如今，她和沃尔特·惠特曼（Walt Whitman）和T. S. 艾略特（T. S. Eliot）这样的天才并肩而立。

爱德华·蒙克

任何一个人，即便对艺术略有所知，也很可能知道那幅给爱德华·蒙克（Edvard Munch）带来世界性名声的绘画。蒙克被认为是表现主义的先驱，他1893年创作《呐喊》（The Scream）的时候只有29岁。这幅画描绘了一个这样的人：他没有能力应对现代生活的焦虑，双手抱头，张开大口，发出极度痛苦的叫喊。这幅画成了世界上得到普遍认可的绘画之一，也使蒙克进入了国际聚光灯下。打那以后，它成了历史上复制最频繁的油画之一。

1863年12月12日，蒙克出生于挪威阿达尔斯布鲁克村的一幢农舍里。父母在1864年迁居奥斯陆，当他3岁的时候，母亲死于肺结核。爱德华的三个姐妹和一个弟弟由父亲养大成人，但爱德华是一个体弱多病的孩子，没法上学，于是便通过画画，来帮助打发挪威冬天的漫长时光。

13岁的时候，他开始到奥斯陆艺术协会的绘画班学习，并喜欢上了挪威新兴风景画家的作品。1881年，他考进了皇家艺术和设计学院，1883年有了自己的第一次公开展出。但是，当他在1889年决定迁居巴黎的时候，他依然在试验不同的风格和技巧。在巴黎，高更（Gauguin）和图鲁斯－劳特雷克（Toulouse-Lautrec）的作品给了他很大的影响。1892年，他终于找到了自己与众不同的风格：使用浓墨重彩和最小的背景，描绘焦虑、痛苦和烦恼的形象。

在巴黎，他的展览——包括一些像《病孩》（The Sick Child, 1885~86）这样的早期作品——吸引了大群的观众，尽管批评家们在媒体上把他的作品描述为过于僵硬和残忍。在挪威，公众越来越真心喜爱他，他的画作行情看涨。

1908年，当时他住在柏林，紧接着他与富有的社交名媛图拉·

在《呐喊》这幅画中,爱德华·蒙克描绘了他对生活的焦虑。在晚年,糟糕的健康状况和抑郁倾向导致他遁世隐居。

| 隐士的生活

拉森（Tulla Larsen）之间那场灾难性的爱情事件之后，他的焦虑变得更加强烈。他去了哥本哈根，进入了一家诊所，在那里，丹尼尔·雅各布森（Daniel Jacobson）博士的治疗使他的消沉、抑郁倾向有所好转，有了一段快乐的时期，这反映在他一系列色彩丰富、更加乐观的作品中。然而，持续糟糕的健康状况（部分原因由于酗酒所引发），导致他生命中的最后20年里，大部分时间都过着越来越与世隔绝的生活。

1916年，蒙克在奥斯陆的斯古耶恩区购买了一个4公顷（10英亩）庄园，被称作"艾可利"。打那以后，他只有在极少的时间离开自己的家，一心在那里绘制受托的作品。他不怎么旅行，也很少接待家族的成员。在艾可利，他越来越沉湎于绘画，把作品看作是自己的"孩子"，像任何父亲一样越来越离不开它们。艾可利庄园（从前的市场花园）有一个果园，他在那里栽种水果和蔬菜。这幢1870年的瑞士风格的房子从未恰当地布置过，艺术家在两间很少装饰的房间里度过了他的大部分时光。他疯狂地工作，几乎一直到去世，尽管要与不断下降的视力作斗争。1930年，当他的右眼血管破裂的时候，这种情况加剧了。

1933年，在他70岁生日那天，蒙克被授予圣奥拉夫皇家骑士勋章。在1940年纳粹入侵挪威期间，他拒绝会见任何德国使节，尽管国防军威胁要没收他的庄园和他的画作；这些作品被德国政府描述为"颓废的艺术"。1943年，蒙克感染了肺炎，1944年在艾可利庄园辞别人世，享年80岁。他留下了一笔巨大的艺术遗产，包括一千余幅油画，超过15 000幅印刷品，以及数千幅五花八门的素描和水彩，其中很多散落在艾可利庄园底层的各个房间里，疏于整理，落满灰尘。有一系列色彩鲜艳的自画像，题为《在钟与床之间》（Between the Clock and the Bed，1940~42），把他描绘为一个疲惫、孤独而脆弱的人物，站在落地大座钟与他的床之间，正在等待死神的来临。床上覆盖着一张他最喜爱的儿童小围毯。

第 6 章 寻求庇护所：隐士艺术家和名人

马塞尔·普鲁斯特

马塞尔·普鲁斯特（Marcel Proust）被广泛认为是现代长篇小说之父，因为他大获成功的《追忆逝水年华》（*A la recherche du temps perdu*）而名满天下。这部总共 7 卷、3000 页的作品，他在 1909 年动笔，完成于 1922 年，也就是他去世的那一年。

普鲁斯特被很多人视为 20 世纪法国最有影响的小说家。他 1871 年出生于巴黎一个富裕之家，父亲是个医生。还是孩子的时候，他的身体就很不好，9 岁那年第一次哮喘发作，整个一生他几乎一直是个病人。年轻的时候，他曾跟严重的神经官能症搏斗过，这种病部分程度上是他的同性恋取向引发的，他一直千方百计向同龄人隐瞒这一取向。他在巴黎大学研修过法律，21 岁开始给文学杂志投稿，之后在 1896 年出版了他最早的两本书：《画家的肖像》（*Portraits de Peintres*）和《欢乐与时日》（*Les Plaisirs et les Jours*）。在世纪之交，他短时间地找了一份律师的工作，但大部分时间沉湎于巴黎的上流社会。

他的世界，随着父亲在 1903 年去世而发生了根本性的改变。紧接着，两年之后，母亲又去世了。他成了一个实际上的隐士，1907 年退隐到了奥斯曼大道的一幢公寓里，他写作《追忆逝水年华》的大部分时间是在那里度过的。这部著作的第一卷出版于 1912 年，也是在那里，他开始了一段深刻内省的时期。

尽管他对这幢公寓的第一印象是"我所见过的最丑陋的东西"，但普鲁斯特还是在那里度过了自己几乎所有的时间，直至死在那里的一个单间里。房间的墙壁铺上了软木，以隔绝城市的喧嚣，百叶窗永久性地关闭着。他讲到，有一次他离开了自己的房间，打算去卢浮宫闲逛，为的是重新熟悉一幅著名的艺术作品。不料当他来到室外的时候才认识到,此时已经是午夜过后。也是在那里,在奥斯曼大道旁,普鲁斯特独自坐在那里眼睁睁地看着德国人在第一次世界大战中轰炸法国首都。他成了一个著名的昼伏夜出的抑郁症患者,不断与疾病作斗争,每天傍晚醒来,喝一杯茶或牛奶。接下来,他会通宵达旦地写作,年复一年,不断完善他的文学名作,其范围从拷问人类的灵魂,到关于时间的观念和性质等复杂问题,最终到一种乐观主义的呼唤:要抓住潜藏在我们所有人内心中的快乐。

亨利·达戈

1973年,当一个名叫亨利·达戈(Henry Darger)的退休医院看门人在芝加哥的一家罗马天主教济贫院里辞别人世的时候,没有多少人关注。

没有听到任何人说起这位亨利·达戈。他过着平凡而孤独生活,他的照片,我们所知道的只有3张。达戈1892年出生于芝加哥,母亲去世的时候他只有4岁。父亲尽管是个病人,但还是靠着自己的力量抚养了亨利,直到1900年,持续恶化的健康状况迫使他进入了圣奥古斯丁天主教济贫院。小亨利经常发出很大的、语无伦次的声音,这让人联想到妥瑞氏综合症,他被送到伊利诺伊州林肯市的弱智儿童收容院。在多次尝试着逃跑但都以失败而告终之后,他终于在1909年成功地回到了芝加哥,他安静而低调的余生就是在那里度过的。

达戈生命中的最后40余年,几乎全都是在一间小公寓房里度过的,一个人独来独往,邻居经常听到他喃喃自语,伴随着一台老打字机连续不断的敲击声。然而,就在他去世之后的几年里,他的艺术就把他的名字从默默无闻中拯救了出来,并抬高到了"门外汉艺术"史册上最受欢迎的条目之一。

朱娜·巴恩斯：采访一位隐士

朱娜·巴恩斯（Djuna Barnes，1892~1982）出生于纽约州北部哈得逊河畔一间石头小屋里，1912年随父母一起迁居纽约市。次年，她作为《布鲁克林每日鹰报》(Brooklyn Daily Eagle)一位干劲十足的记者，开始了自己的文学生涯，后转到《纽约太阳报》(New York Sun)和《纽约论坛报》(New York Tribune)，因为一些名人访谈而赢得了名声。后来，她移居巴黎，与格特鲁德·斯泰因（Gertrude Stein）和詹姆斯·乔伊斯（James Joyce）这些人厮混在一起，随后回到了美国，开始撰写20世纪的长篇巨著之一。《夜林》(Nightwood)是一部结构复杂的描写同性恋的色情杰作，被T.S.艾略特（T. S. Eliot）誉为伊丽莎白时代最好的散文，一直印行至今。在这部小说于1936年出版之后，朱娜·巴恩斯几乎再也没有写出一个字。她在曼哈顿格林威治村帕特辛街的公寓里，在与世隔绝中，度过了自己的余生。

1973年，作家兼编辑道格拉斯·梅瑟利（Douglas Messerli）来到她的公寓门前，他要采访她。这时，她已经80多岁。巴恩斯问了他的姓名，正当他准备告诉她的时候，她又说免了。巴恩斯让他进来，并为屋子里的气味表示歉意。谈话很快就转向了时尚偶像可可·香奈儿给她设计服装的那些日子。遥想当年，她在1920年代的巴黎与爱丽丝·B.托克拉斯（Alice B. Toklas）和佩姬·古根海姆（Peggy Guggenheim）这样一些人物交往，采访像恩里科·卡鲁索（Enrico Caruso）和莉莲·拉塞尔（Lillian Russell）这样一些名流，这样的采访使又一个兴奋而令人难忘的日子丰满起来。

> 尽管自这些事件发生以来已经过去了40年的时光,但是,当巴恩斯解释《夜林》中的人物的道德复杂性时,她依然让梅瑟利为之着迷,而一般的公众,依然对她个人的性取向感兴趣,远远超过对其他任何人的兴趣。对于一个人的性身份究竟能如何影响写作艺术,她依然充满好奇。当她对当代女性作家嗤之以鼻的时候,梅瑟利在自己的座位上很不自在地扭动身体。朱娜·巴恩斯的肺气肿意味着这决不可能是一次拖得很长的采访,但透过格林威治村的那个下午所照亮的是这样一个真理:尽管一个作家或艺术家可能淡出公众的视野,但他们毕生的作品却很少这样。种种迹象表明,《夜林》还会印行40、50甚至100年。毫无疑问,它依然贴切,依然有力,依然能够激怒一些人。

达戈去世后不久,他的房东整理他的财产,发现了即将成为艺术家的持久遗产的那些东西:一部15145页、900万字的幻想小说,大概是用英语写成的最长的虚构作品,题为《虚幻王国的薇薇安女孩》(The Vivian Girls, in What is known as the Realms of the Unreal)。小说讲述了七姐妹的冒险故事,她们为反对魔鬼格兰德林尼人强加的童工奴隶制而不懈斗争。此外,房东还发现了一大批手绘拼贴画,堆起来大约3.2米(12英尺)高,是达戈把自己的绘画与摹图和剪图结合起来制作而成的,常常伴随着摆放巧妙的文字。有数不清的水彩和插图,描绘青春期前的金发女孩,出现在一系列场景中,从她们与外族士兵战斗,到她们一起在理想化的花园里天真无邪地嬉戏玩耍。他的绘画中的这些小女孩常常有男性的生殖器,这大概是由于达戈在林肯收容院里目睹过的儿童虐待所导致的"性别紊乱"。有一些非同寻常的形象,谁也没有见过那样的东西。公寓房里塞满了绘画和手稿,以至于要想从一个房间走到另一个房间,不得不沿着明确限定的"路径"。这些狭小、迂回的路线，从厨房到客厅，从客厅到卧室，四面八方都被达戈毕生创作的浩瀚无边的作品所包围。

达戈的幻想世界是一个完全没有自我审查的世界。他所描绘的那些稚气未脱的小姑娘，被士兵们扼杀和开膛。这些形象从他的潜意识中无拘无束地流淌到纸面上，其数量是如此之大，以至于很多评论者都感到奇怪，不知道他是不是完全沉湎于自己的艺术中，以至于无法区分他所创造的那个世界和他所生活的这个世界。每天下班回家之后，他总是长时间地写作，直到深夜。尽管他几乎每天都上教堂，但他从未跟其他教徒说过话，他的牧师也不认识他。他的作品的一些样本，如今的售价高达 8 万美元以上，他的大部分绘画和素描收藏在纽约美国民间艺术博物馆和瑞士洛桑的原生艺术博物馆里。

葛丽泰·嘉宝

瑞典女演员葛丽泰·嘉宝（Greta Garbo）是 20 世纪最著名的名流隐士之一。嘉宝原名葛丽泰·路易莎·古斯塔夫森（Greta Lovisa Gustafsson），1905 年出生于斯德哥尔摩，十几岁的时候就在斯德哥尔摩标志性的 PUB 百货商店工作，1922 年离开了那里，去皇家剧院学习表演。她的第一个银幕角色也是那一年出现在埃里克·皮切勒（Erik Petschler）导演的《流浪汉彼得》（*Peter the Tramp*）中。1924 年，在芬兰伟大的电影剧作家和导演莫里斯·斯蒂勒（Maurice Stiller）的怂恿下，她为了主演《戈斯塔·柏林的故事》（*The Story of Gosta Berling*），而把自己的名字改为葛丽泰·嘉宝。好莱坞美高梅公司的领导人路易·B. 迈耶（Louis B. Mayer）看过《戈斯塔·柏林的故事》之后，便把嘉宝和斯蒂勒请到了美国，她在那里主演了

葛丽泰·嘉宝是电影《克里丝蒂娜女王》(Queen Christina)的主演。具有讽刺意味的是，嘉宝对独处的渴望确保了她的名字更加广为人知，就连那些从未看过她的电影的人都知道她。

第 6 章 寻求庇护所：隐士艺术家和名人

一些默片，比如《神秘女人》（*Mysterious Lady*，1928）。《安娜·克里斯蒂》（*Anna Christie*，1930）是她的第一部有声电影，美国观众被一个很挑逗人的允诺"葛丽泰说话了"所吸引，走进漆黑的电影院。她的第一句口音很重的话是："给我一杯姜汁威士忌，别小气，宝贝。"这句话径直进入了电影的民间传说中。

嘉宝有一句著名的话广为人知："我想一个人呆着。"尽管她经常向朋友们抱怨，人们错误地引用了她的话，事实上，她说的是："让我一个人呆着。"她始终清楚地意识到这两句短语互相冲突的影响：前者暗示了她从未声称自己努力寻求过的那种遁世，而后者则更是一种渴望独处的恳切请求，这种渴望是她晚年生活的特征。她从未回复过粉丝的来信，从未同意采访，对签名有一种本能的厌恶，即便是在她事业生涯的早期阶段，她也总是拒绝出席自己的电影首映式。

化妆师马克斯·法克特（Max Factor）曾经说过一句著名的话：嘉宝的眼睛和睫毛远比她本人创造出来的任何人工制品更高级。但好莱坞对虚荣的坚持和对美的设计开始与嘉宝瑞典式的自制与谦卑的观念格格不入。第二次世界大战的爆发，导致她的声望有所降低，紧接着她的最后一部电影——1941 年出品的、反响不佳的《双面女人》（*Two-Faced Woman*）——之后，她选择了告别银幕，而且再也没有回来。嘉宝搬到了纽约，在那里，尽管跻身于名人宴会的一线名单中，但她没有作出任何积极的努力参与社交生活，出外旅行的时候，穿着打扮总是很不显眼。她把自己大量的业余时间用来追求个人兴趣，范围从园艺和健身，到室内设计、诗歌和油画。尽管作为一个隐士几乎赢得了世界性的名声，以及那句被错误理解的"我想一个人呆着"所表现出来的谦卑，但她更多的是独居，而不是隐居。人们经常看到她在自己所居住的第 52 大街东 450 号公寓附近的街道上散步。她一直生活在那里，直至 1990 年去世，享年 84 岁。

| 隐士的生活

J. D. 塞林格

1951年，一部小说的出版，不仅给作者带来了不朽的名声，而且使作者成为20世纪美国最著名的隐士之一。

1919年1月1日，杰罗姆·大卫·塞林格（Jerome David Salinger）出生于曼哈顿。但直到差不多40岁，当他在纽约的哥伦比亚大学修读短篇小说创作课程的时候，他才开始写作。第二次世界大战期间在美军通信兵中服役之后，他回到了老家，开始给《纽约客》（The New Yorker）杂志撰稿。1951年出版的《麦田守望者》（The Catcher in the Rye），作者写了10年，故事讲述了一个年轻人挺身而出，要保护周围人的孩童般的纯真。中心人物是一个这样的人，每当孩子们在麦田里玩耍时，他便藏在麦田里。麦田沿着一个悬崖的顶部延伸，如果孩子们距离悬崖太近，这个名叫霍尔顿·考尔菲德（Holden Caulfield）的人便会抓住他们。然而，他最终放弃了自己的保护，因为他认识到，要想发挥孩子们的潜能，就必须让他们自由，只有让他们自己犯错，并独自应对由此导致的后果，才能做到这一点。

没过多久，塞林格的这部小说便在整个美国引发了观点的分歧，一位批评家把它比作《哈克贝里·费恩历险记》，而另外一些人则给它贴上乏味、冗长甚或是庸俗的标签。不管一个人的观点如何，无可质疑的是，它对年轻人有着经久不衰的吸引力。塞林格在霍尔顿这个人物的身上，巧妙地捕捉到了他们的梦想与渴望，打那以后，这个人物便成了青少年叛逆的普遍焦点。

1953年，塞林格搬到了新罕布什尔州的小城科尼什，拒绝一切采访，只有一个朋友组成的小圈子定期去看他，他们小心翼翼地守护着他的独处。他最后发表的作品是1965年《纽约客》上的一篇短

第6章 寻求庇护所：隐士艺术家和名人

> **隐居棚**
>
> 在德国黑森州弗莱堡市附近的群山里，有一间看上去孤零零的棚屋，可以看到壮观的阿尔卑斯山脉。它的面积6×7米，有一间厨房/餐厅，一间书房，以及一间卧室。有一些炉子用于做饭和取暖。一个门廊把激动人心的山景尽收眼底，一条阿尔卑斯山的溪流把活水几乎带到大门口。尽管宽敞而且坐落于一个令人羡慕的位置，但在粗心大意的观察者看来，它不过是一间典型的山间棚屋。但这间山间棚屋却不是一间普通的棚屋。
>
> 它是德国哲学家马丁·海德格尔（Martin Heidegger）1922年建造的。在50多年的时间里，他尽可能地经常住在这里。他在这间棚屋里撰写了很多最有影响的作品，其中包括20世纪最重要的哲学作品之一《存在与时间》（Being and Time, 1927）。在海德格尔看来，这间棚屋代表了一个避难所，以逃避城市生活中他所说的"古怪"。他每年夏天都与家人一起在这里度过，直至1927年他被任命为附近弗莱堡大学的教授，这使得他能够几乎每个周末步行很短的一段距离来到这里。他的朋友和同僚开始对他的频繁缺席表示担心，尽管他们早就觉察到了，海德格尔像喜欢孤独一样喜欢独处——独处作为一个令人愉快的、必不可少的工具，让他的灵魂有时间和机会投射进一切活物中。对这种独处来说，必不可少的是那间棚屋。它的寂静和隔离提供了自我发现的手段，并代表了作为居住地的经典的建筑符号，是乡野情趣对都市喧嚣的胜利，对于海德格尔个人与哲学和意义的和谐来说，是一个英雄主义的背景。

篇小说，题为《哈普沃兹16号，1924》（Hapworth 16, 1924），尽管他的女儿曾经表示，父亲并没闲着，写了好几部长篇小说，并吩咐

| 隐士的生活

她在自己死后出版。有人引用一位邻居的话说,这位隐士作家未出版的小说多达 15 部,锁在家里一个安全的地方。

塞林格于 2010 年 1 月去世。他之所以被人们铭记,既是因为他的写作,也是因为他的隐居生活方式。说到一个人如何能让自己牢牢占据公众的视野,同时又远离公众,塞林格是一个完美的例证。就他的情况而言,他似乎一直在满足着世人的好奇心,而人们依然渴望回答越来越多的问题。他为什么过了 50 多年的隐居生活?他是否觉得《麦田守望者》激发了人们对他本人的一些不切实际的过高期望,而他却不能实现?或者,被视为一代人的焦点——这一代人曾经把目光转向詹姆斯·迪恩(James Dean)和埃尔维斯·普雷斯利(Elvis Presley)这样的人寻求答案——所带来的压力是不是太大,以至于他作为战后一代最后的声音之一根本没法承受?

乔阿什·伍德罗

乔阿什·伍德罗(Joash Woodrow)是一位以约克郡为基地的画家,有人认为,有朝一日他很可能被视为 20 世纪英国最杰出的画家之一。假如他不是在 1956 年(也就是他从皇家艺术学院毕业 3 年之后)患上了精神失常的话,他很可能早在 50 年前就成为一个家喻户晓的人物。正是在皇家艺术学院的那些年里,他毕生的隐居模式第一次出现。年轻的伍德罗拒绝参与大学的工作和社会事件,尽一切可能避免与其他学生有任何重要交往。

在精神失常之后,伍德罗回到了位于利兹市郊区查珀尔阿勒顿的老家,跟父母生活在一起,他在那里度过了自己的余生。尽管身患重病,但他还是用总共 3500 件雕塑和绘画作品塞满了父母家中的每一个房间。艺术界从未听说过乔阿什·伍德罗的名字,直到 2001 年,他的油画及其他作品在他的房子里被发现。终其一生,他只寄

第 6 章 寻求庇护所：隐士艺术家和名人

出过 5 幅作品参加展览。

半个世纪以来，这位完全不为人知的艺术家始终在默默无闻地工作，使用他能够得到的任何材料，在非传统的画布上绘制他的作品，范围从旧马铃薯包，到早餐包装盒。即使一间房子在 1999 年遭了火灾——这场火是他意外造成的，并烧毁了他的很多作品——也没能减缓他疯狂的步伐。他继续以飞快的速度绘制画作，以至于前一幅画还没来得及干，第二幅画就已经完成了，叠放在第一幅画的上面，这样一来，两幅画便粘在了一起。

几十年的与世隔绝，当他弟弟索尔（Saul）在那场大火之后来看他的时候便开始走向终结。索尔把他在旧杂志上画的一些毕加索风格的拼贴画拿到了附近的一家书店里，被哈罗盖特的一位图画管理员看到了。乔阿什·伍德罗就要出名了。

将近 800 幅油画（大多是小尺寸）和数千幅素描被发现散落在他那幢很小的、战后建成的半独立式房屋里。有一堆素描塞在厨房里，画的边缘被火烤焦了，阁楼的裸砖墙上有一幅壁画。油画堆到了 50 英尺高，窗台成了书架，摆放着无以数计的写生簿。一个艺术家，毕生辛苦劳作，积累了巨量的作品，直到 70 多岁才被人发现，这样的情况几乎闻所未闻。它代表了一个惊人的发现，足以确保乔阿什·伍德罗再也不会生活在默默无闻中。他的风格回应了卡尔·阿佩尔（Karel Appel）和阿斯盖·乔恩（Asger Jorn）的表现主义，并随着时间的推移，在那些受利兹南部工业区启发的素描作品中得到了发展。还有那些充满活力的风景画，用大胆的原色和自信而宽广的笔触画成。

归根到底，伍德罗是一个悲哀的人，他画的那些风景，他觉得自己不可能成为其组成部分。他与同行几乎没有任何接触，他的创造力和动机完全依靠自己的想象和内在的自我，尽管他偶尔或乘公共汽车去约克郡的东海岸走一走，描绘那里的海滩。乔阿什·伍德罗终身未婚，朋友也很少。

在兄弟以萨雷尔（Israel）去世之后，伍德罗独自一人在那幢房子里又生活了 14 年。2000 年，他的健康状况急剧恶化，再也没法画画，也照顾不了自己。他生命中最后的日子是在曼彻斯特一个养老院里度过的。在那里，他拒绝谈论自己的艺术，他的房间里甚至看不到他毕生工作的任何痕迹。很少有人来看他，即便是在生命中的这一最后阶段。他依然对他的兄弟索尔深感不满，因为他正着手一项艰巨的任务：清理在他家中发现的数百幅油画，并给它们装框。2006 年 2 月 15 日，乔阿什·伍德罗在北曼彻斯特中心医院去世，享年 78 岁。

曼弗雷德·格纳丁格

1962 年，一个 22 岁的男性从德国悄然抵达西班牙北部海岸小城卡梅耶。他在来到西班牙之前的生活，我们几乎一无所知，尽管有传闻说，一场单相思的暗恋让他深受打击。起初，当地人只称他"德国人"，但到最后，全城的人都只叫他"曼"（Man）。

"曼"的名字是曼弗雷德·格纳丁格（Manfred Gnadinger）。在卡梅耶居住了几年之后，有一天，他决定（没有告诉任何人）自己建造一间海边棚屋。当路透社的一位记者问到他为什么选择定居卡梅耶的时候，他答道："我想创造我自己的世界。我一直在寻找一个地方，好让我一个人呆着。"事实证明他说到做到，接下来 20 年的时间里，他一直独自一人生活在自己的海滨棚屋里，把他对艺术的热爱与大自然的乐趣融入在德国浪漫主义的优良传统中。

格纳丁格的棚屋是一个简陋的住处，没有电，没有自来水，但它是他所需要的全部空间。他在这里追求他对绘画和雕塑的热爱，把小屋前的海岸线转变成了一个由扭曲形态组成的折衷主义的世界，让人想起安东尼奥·高迪（Antonio Gaudi）的作品。他在比斯开湾岸边的画廊被人们称作"曼的博物馆"。

格纳丁格的生活在 2002 年 11 月被彻底给毁了。当时,"普雷斯蒂奇"号油轮在西班牙海岸严重受损。2000 万吨(译者注:原文如此,这个数字显然是错的,这艘油轮装载的原油是 7 万吨)原油倾泻在法国和西班牙海岸,被冲到了许许多多的海滩上,摧毁了这一地区脆弱的生态系统,而格纳丁格深深热爱着这里的生态环境。那是西班牙历史上最为糟糕的环境灾难。溢出的原油还吞噬了格纳丁格的很多雕塑作品,污染面积是如此巨大,几乎到了他的棚屋的台阶上。到最后,损失大到他无法承受。一个月之后,格纳丁格辞别人世。很多人相信,他是死于忧伤。数百人出席了他的葬礼,他的死成了"普雷斯蒂奇"号油轮所造成的这场环境灾难的象征。他的画廊捐赠给了卡梅耶市,至今仍在接待参观者。

鲍比·菲舍尔

1972 年,冰岛首都雷克雅未克举办了一场大概算得上最有名的国际象棋比赛。苏联棋手鲍里斯·斯帕斯基(Boris Spassky)卫冕世界象棋冠军的头衔,迎战年轻的美国象棋奇才鲍比·菲舍尔,后者在 1958 年——当年 15 岁——成为世界上最年轻的象棋大师。菲舍尔刚刚在一场比赛中打败了苏联象棋大师提格兰·彼得罗辛(Tigran Petrosian),把他战胜世界顶尖棋手的场数扩大到了 20 场,这一战果自 1880 年代以来还没有出现过。冷战的危险、阴谋和怀疑,构成了这场比赛的背景,并使之更加扣人心弦。斯帕斯基与菲舍尔之间两个月漫长的战斗吸引了全世界的目光,也把鲍比·菲舍尔抬高到了国际巨星的位置上。他以 12.5 比 8.5 的成绩(7 胜 3 负 11 平)击败了斯帕斯基,成为第 11 届世界象棋冠军,终结了苏联人自 1920 年代晚期以来对这一头衔的长期控制(期间只有两次易手)。

鲍比·菲舍尔赢得1963年美国象棋冠军。12年后，正当他处在名声和棋艺的高峰时，他在面对公共生活的压力时选择了退隐。

第 6 章　寻求庇护所：隐士艺术家和名人

菲舍尔 1943 年出生于芝加哥，在纽约的布鲁克林区长大成人。6 岁那年，他在当地的一家商店里买了一副小象棋，通过阅读使用说明自学下棋。后来，他加入了布鲁克林象棋俱乐部，他对象棋的痴迷是如此专注，以至于忧心忡忡的母亲把他带到了布鲁克林犹太医院的精神病房。不料被告知，那里有远比象棋更加糟糕的东西让这孩子为之痴迷。1955 年，也就是在他 12 岁那年，他加入了享有盛誉的曼哈顿象棋俱乐部。那是全美最有实力的俱乐部，1957/1958 年度他赢得了美国 8 个象棋冠军当中的第一个冠军头衔。然而，对鲍比·菲舍尔来说，还有远比异乎寻常的象棋能力更多的东西。1975 年，他震惊了象棋界，当时，他因为拒绝与苏联挑战者安那托利·卡尔波夫（Anatoli Karpov）对弈，从而放弃了自己的冠军头衔。在接下来的那些年里，菲舍尔的光环逐渐暗淡，沦入了相对默默无闻的状态。在媒体上，他被描述为一个"疯狂的隐士"，他的形象被描绘为胡子拉碴、蓬头垢面，这是他生命中最后几年公众对他的典型印象。

菲舍尔始终知道自己与众不同。他长大成人都不知道自己的生物学上的父亲究竟是谁。他母亲 1939 年进入美国，但她丈夫没有美国护照，据 FBI 说，他从未进入这个国家。菲舍尔曾经说自己"像一匹狼"，对其他人不信任，在社交上笨手笨脚。他很可能患有一种罕见的疾病，被称作"阿斯伯格综合症"。那是一种发展性障碍，严重阻碍社会交往，其症状之一就是强烈专注于某一狭隘的兴趣。在他轰动一时的弃权之后，他迁居加利福尼亚，加入了一个很少有人知道的、可疑的宗教派别。尽管偶尔有人拍到他沿着帕萨迪纳大街蹒跚而行，穿梭于不同的廉价酒店之间，但就公众所关注的而言，鲍比·菲舍尔从地球上消失了。

20 年来，鲍比·菲舍尔再也没有下过一场竞争性的象棋比赛，直到 1992 年，被人连哄带骗地走出了他的隐居生活，并在前南斯拉夫塞尔维亚首都贝尔格莱德举行的一系列高规格表演赛中再一次击败了鲍里斯·斯帕斯基,以此回应了对他的批评。他以 10 比 5 赢得了这次比赛,尽管他的下棋水平明显由于几十年的与世隔绝而有所降低。然而,他赢得比赛这一事实根本不令人吃惊。贝尔格莱德的赛事违背了联合国对塞尔维亚的制裁,因为后者在与邻国波塞尼亚的战争中犯下了严重的暴行,菲舍尔成了一个亡命者。

美国财政部发布了对他的拘捕令,他再也没有回到美国。他开始发表尖刻的反美声明,在他对 2001 年 9 月 11 日袭击世界贸易中心的支持中达到高潮。到这时候,这位前冠军已经成了一个国际弃儿,先后生活在布达佩斯、菲律宾和日本,最后在 2005 年获得了冰岛政府颁发的护照。

菲舍尔在冰岛首都的最后两年是孤独的两年,只有他的好朋友加洛瓦·斯维里森(Garoar Sverrisson)和斯维里森的两个孩子陪伴在他身边。2008 年 1 月 17 日,菲舍尔死于肾衰竭,享年 64 岁,刚好为棋盘上的每个方格活了一年。他被人以一个秘密的仪式,安葬在冰岛南部小城塞尔福斯的一个罗马天主教小墓地里。那里距离雷克雅未克 60 公里(37 英里),35 年前,他曾经帮助这座城市出现在世界地图上。

斯莱·斯通

斯莱·斯通(Sly Stone)本名西尔维斯特·斯图尔特(Sylvester Stewart),1943 年 3 月 15 日出生于科罗拉多州的丹佛市。1952 年,西尔维斯特与两个姐妹维尔塔(Vaetta)和罗斯(Rose)及兄弟弗雷迪(Freddie)组成了"斯图尔特四人小组",专门演唱福音流行歌曲。后来,西尔维斯特进入瓦略约初级学院学习音乐,在 1964 年搬到旧金山之前便成了一个电台音乐节目主持人和音乐制作人。1966 年,他请来罗斯、弗雷迪和她的表弟拉里(Larry),与另外 3

第 6 章　寻求庇护所：隐士艺术家和名人

个音乐人一起，组成了一个新的乐队——斯莱和斯通一家——这是一个彻底混合的乐队，不像任何其他乐队。接下来，它将赢得响当当的名声：最有活力的美国乡村音乐小组之一，一些歌曲，像《市井小民》和《骚乱进行时》，反映了 1960 年代晚期美国出现的反主流文化。斯莱·斯通帮助汽车城音乐找到了它的道德和社会中心，乐队黑人和白人演奏者的混合，是一个社会巨变时期宽容的象征。然而，乐队的流行好运不长，到 1970 年代初，他们的唱片销量开始下降。1971 年，鼓手格雷格·埃里科（Greg Errico）离去，斯通与贝司手拉里·格雷厄姆之间的分歧开始出现。之后又出了两张唱片：《新鲜》（*Fresh*，1973）和《闲谈》（*Small Talk*，1974），但它们只是让人匆匆瞥见了塑造 1970 年代流行音乐的迷幻乡村摇滚、波普 R&B 和革命性的社会评论。

在 1970 年代初，越来越强烈的毒瘾导致斯通的偏执狂发展到了十分严重的程度，以至于他拒绝听自己的音乐。他对同伴、朋友和家人的态度变得越来越愤怒，逐渐淡出了公众的视野。斯通于 1981 年复出，与乔治·克林顿（George Clinton）合作了一张新的迷幻乡村摇滚唱片，但这两个人都遭到逮捕，被指控藏有毒品。1983 年，斯通被指控私藏一支枪管被锯短的滑膛枪。1987 年，他举行了自己最后一场公开演出，这场演出被《洛杉矶时报》（*Los Angeles Times*）贴上了"灾难"的标签。后来的 20 年里，他公开演出的数量屈指可数，到 1990 年代晚期，音乐业界的一些人（他们应该知道得更清楚一些）甚至认为斯莱·斯通已经不在人世。这使得他的姐姐维尔塔在 T 恤上印了一行字："斯莱·斯通还活着。"

人们很少听说或见到他，直到 2005 年 8 月，他同意接受一部纪录片《东山再起》（*Coming Back for More*）的采访。这部纪录片由荷兰电影摄制者威廉·阿尔克玛（Willem Alkema）拍摄，他在当地的一位政治家的帮助下，追踪到了这位隐士明星。他生活在洛杉矶城外一条绝路尽头的一幢难以形容的房子里，在他的经理人杰里·戈德斯坦因（Jerry Goldstein）拒绝他染指自己的版税之后，处于山穷水尽的状态。斯通同意在阿纳海姆市一家酒店里接受阿尔克玛的采访，唯一的条件是：不要让摄影机出现。2009 年 10 月 16 日，《东山再起》举行了全球首映式。

2006 年 2 月 8 日，斯莱·斯通（这时他已经 61 岁）让每个人都大吃一惊：他出现在洛杉矶举行的第 48 届格莱美奖的颁奖典礼上，穿着一件银色的迷幻夹克走上舞台，留着一头莫霍克式的淡黄色头发。他一路吟唱着他风行一时的名曲《我要带你到更高》，但没等这首歌唱完他就走下了舞台。音乐界已经 13 年没有看到他的身影，最后一次见到他是在 1993 年，当时，他被人引入摇滚名人堂，那天夜晚他说的最后一句话是："一会儿见。"

最近这些年里，斯通的公开露面包括 2007 年几次与"新斯通一家"一起出现，以及一次接受《洛杉矶时报》的采访（也是在 2007 年）。在这次采访中，他声称自己生活在加利福尼亚纳帕河谷某个地方的一幢大房子里。2009 年 5 月，他接受了一次采访，对洛杉矶的广播电台 KCRW 谈到了自己的生活和事业。这一年的 9 月 11 日，他陪同乔治·克林顿出席了广播音乐公司（BMI）的年度颁奖典礼。

斯通似乎一直在小心翼翼地从他的隐居生活中露面，依然关心音乐所能带来宽容信息。据他的女儿诺维娜（Novena）说，他更多的并不是个隐士，而只是愿意生活在公众的视野之外。他有时会骑着自己的摩托车，搞点即兴演出。这些活动是诺维娜组织的，只有非常简短的预告，为的是降低他违约的可能性。它们吸引了大批的人群，其中包括像艾迪·墨菲（Eddie Murphy）这样的名流。斯莱·斯通的复出完全根据自己的兴致，其用意是提醒观众，不要因为艺术家选择为自己而不是为公众而活，就轻易给他们贴上隐士的标签。

第7章 一个人自己的世界：富贵隐士

> 感谢上帝，我终于一个人呆着。
> ——巴伐利亚国王路德维希二世，选自他写给作曲家理查德·瓦格纳的一封信，1867

人类历史上，拥有财富和特权，使得那些有隐士情怀的人能够构建他们自己的完美世界。在这些小小的王国里，他们的话就是法律，他们的嗜好和怪僻决定着其他人的行为，而他们自己用不着去适应社会认为正常的那些东西。

亨利·卡文迪许

亨利·卡文迪许（Henry Cavendish）1731年出生于法国尼斯一个贵族家庭，父亲是二世德文郡公爵，母亲是肯特公爵的女儿，这个家族的世系可以追踪到11世纪英格兰的诺曼征服者。后来，举家迁到了英格兰，亨利进入了剑桥大学，在那里被老师们视为一个孤僻而古怪的人物，很少交朋友。卡文迪许根本用不着操心如何谋生，由于家族的遗产，他成了百万富翁，没有毕业便离开了剑桥。他承认自己"对孤独有一种古怪的爱"，从不在直系亲属之外建立任何友谊，除了来自科学界的少数几个人之外。

英国伟大的神经病学家奥利弗·萨克斯（Oliver Sacks）曾推测，卡文迪许很可能患有一种罕见的疾病，在与其他人的交往上经历了极其严重的困难；还显示了有限的行为模式，以及受到限制的、重复乏味的兴趣。所有这一切结合起来，使得这个人看上去害羞而孤僻。

事实上，他是如此离群索居，以至于我们所知道的他唯一一幅肖像是在他完全不知情的情况下画成的。卡文迪许在跟女人沟通时有着特殊的困难。他的房子专门增加了一个后楼梯，为的是尽可能避免遇到他的女管家。他甚至把自己对晚餐的要求写在一张纸上，以避免跟手下的工作人员讨论这个问题。卡文迪许所出席的唯一的定期集会，是每个礼拜四在皇家学会举行的晚宴，他在1760年成为皇家学会的院士。

然而，不管卡文迪许有怎样的人格障碍，没有什么东西能够抹杀他在科学领域所取得的成就。1766年，他发表了第一篇论文《论人工空气》，论述气体的研究和气体的性质。卡文迪许利用传统的科学方法，比如数量测量，发现了氢气的存在。他把氢气称作"易燃空气"，还发现了氧和氢是水中的两种元素。他计算了大气的构成。他利用扭秤来测量引力常数，这使得他能够几乎精确地计算出地球的质量是每平方厘米5.48克，这个数字在将近100年的时间里没有任何改进。

很不幸，由于他的反社会倾向，卡文迪许总是极力避免发表自己的作品。在19世纪晚期，也就是在卡文迪许于1810年去世几十年之后，伟大的数学家和哲学家詹姆斯·麦克斯韦（James Maxwell）仔细审阅了卡文迪许的一些旧文，并认识到，他的很多未发表作品被错误地归到了别人的名下，包括欧姆定律（关系到两点之间电流的通过），这个定律是德国物理学家格奥尔格·欧姆（Georg Ohm）在1827年的一篇论文中提出来的。

不管卡文迪许的社交障碍究竟是阿斯伯格综合症的产物,还只是由于父亲没能提供给他日常的社交技能——他让儿子在伦敦大万宝路街家中那与世隔绝的环境中长大成人——卡文迪许关于自然界知识的直接贡献是不可否认的。英国著名科学家汉弗莱·戴维(Humphry Davy)谈到卡文迪许时说:"他的名字,对于他的家族、他的时代和他的国家来说,将会是一个不朽的荣耀。"

巴伐利亚的路德维希二世

巴伐利亚国王路德维希二世被人称作"阿尔卑斯山的隐士",他1845年8月25日出生于德国慕尼黑郊区的宁菲恩堡。他的父亲,巴伐利亚国王马克西米连二世组织了一帮指导老师,到位于旧天鹅堡的家族城堡里教育他的小王子。很小的时候,路德维希便表现出了对世俗建筑和宗教建筑的兴趣。

在1861年2月观看了理查德·瓦格纳的歌剧《罗恩格林》(Lohengrin)在慕尼黑皇家国立剧院的演出之后,他便迷上了这位作曲家。他贪婪地阅读了瓦格纳的几部文学作品,甚至把他的一些歌剧中的唱词记得滚瓜烂熟。路德维希痴迷于瓦格纳构建的那些幻想世界,因此一点也不奇怪,他毫不犹豫地同意瓦格纳对德国戏剧状况的悲观看法,并答应为瓦格纳最近创作的《尼伯龙根的指环》(Ring Cycle)的演出提供经费。路德维希在《罗恩格林》的核心人物天鹅骑士身上看到了自己。这是一个中世纪的英雄人物,他登上了一艘小船,由一群天鹅拖着,去拯救一个危难中的少女。事实上,瓦格纳成了路德维希的少女,路德维希在晚年建造的那些城堡——在这些城堡的高墙之内,他几乎成了一个彻头彻尾的隐士——其灵感部分是于瓦格纳音乐中捕捉到的那些凌空蹈虚的戏剧和风景。

费奥多尔·库兹米契

并非所有富有的隐士都把他们的财富用来创造自己的世界。1825年，官方宣布，沙皇亚历山大一世在俄罗斯城市塔甘罗格出人意料地死于斑疹伤寒。在他去世之前的那些年里，他对神秘主义越来越感兴趣，并向他的助手透露了自己的愿望：他想退位，到他的臣民当中去当一个隐修士或修道士。很快就开始有谣言流传，说他并没有死，而是谎称自己死去，以避免被暗杀；一个不知名的士兵被埋在了他的葬身之地。沙皇的医生拒绝签署死亡证明，而且，事实上，当苏联政府在1925年打开亚历山大的陵墓时，里面空空如也。沙皇亚历山大一世的尸体究竟哪儿去了呢？有一个可能的解释，潜藏在费奥多尔·库兹米契（Feodor Kuzmich）的故事里。

1836年，在西伯利亚小城克拉斯诺乌菲姆斯克，突然出现了一个神秘的漂泊者。他拒绝对村里的长老讲述关于自己的任何事情，也没有任何证明身份的文件，只是声称，他是一个"忘记了自己亲人的人"。在俄罗斯，这个说法指的就是流浪汉。他所要求的一切，就是别理睬他。然而，由于不能证明自己的身份，他被流放到了托木斯克。那是西伯利亚最古老的刑罚流放地之一，他在那里呆了几年，然后被释放了。不料在接下来的15年里，他一直在西伯利亚的荒野里漫游。

1852年，库兹米契（他口才很好，似乎有很高的文化修养）走出了荒野，定居在西伯利亚小城克拉斯那亚·萨雷格。他大多数时间避世独处，不跟人交往，很快就赢得了作为一个长老（staret）的名声。这是一个东正教术语，意思是"精神导师"。他过着虔诚而孤独的生活，在他周围发展出了一个很小的教派。然而，人们开始议论纷纷。有一件事情似乎有些古怪：这个谦卑而低调的人能够说几种不同的语言，能够向偶尔来访的

第 7 章 一个人自己的世界：富贵隐士

渴望成为一个隐士的俄罗斯沙皇亚历山大一世。有谣传说，他在1825年的突然去世是骗人的，为的是让他能够作为一个隐士开始新的生活。

客人描述俄国贵族社会的点点滴滴。对于朝臣的生活，他似乎知道更多的东西，而不只是略知一二。有人认为，他更像亚历山大本人。

库兹米契生命中的最后12年是独自一人在一间简易的棚屋里度过的，那是当地的一个手艺人为他建造的。它只有一间房，有土砖一样的泥墙，里面有一张木板床，一张桌子，几把椅子，一个小木柴炉子，以及一个书架，上面放着他收藏的圣像，以及一本破旧的俄罗斯东正教圣经。

1864年，在他临终的弥留之际，有人听到他说："只有上帝知道我的真名实姓。"

> 1880年代晚期，跨西伯利亚铁路公司的董事长阿纳托尔·库洛姆津（Anatol Kulomzin）在托木斯克地区视察铁路轨道，当时，他探访了库兹米契度过生命中最后岁月的那间隐居棚。在屋内，
>
> 他发现了一张亚历山大一世的肖像，以及一个小箱子，里面装着一些衬衣、刀具和一个盘子，盘子上有一段铭文："隐士费奥多尔·库兹米契，伟大的皇帝、蒙福的亚历山大，用此盘进餐。"

1864年，父亲在一场与西班牙著名舞蹈家洛拉·蒙特斯（Lola Montez）之间可耻的风流韵事之后宣布退位，就这样，路德维希成了国王。但是，1860年代一连串失败的军事联盟（先是与奥地利结盟，后来跟普鲁士结盟，他把巴伐利亚的部分武装力量转让给了盟友）导致了巴伐利亚的声望和影响力严重受损，路德维希的地位和威望也遭到削弱。1867年10月，他终结了与索菲·夏洛特（Sophie Charlotte）女伯爵的婚约。索菲是奥地利皇后伊丽莎白的妹妹，关于他的性取向的问题一直持续到今天——一些文件和书信的片段暗示他毕生享受了一连串与男人之间的亲密友谊。婚姻不是他想要的，而他的性取向与罗马天主教信仰格格不入。路德维希当然有理由远离社会，因为他觉得，这个社会不可能允许他拥有他所寻求的那种友谊。

1870~1871年间的普法战争导致普鲁士有效控制了巴伐利亚的武装部队，胜利的普鲁士开始重新推动建立统一的德意志帝国，这需要解散像路德维希的巴伐利亚这样的独立王国。当普鲁士国王威廉·弗雷德里希·路德维希（Wilhelm Friedrich Ludwig）在1871年1月18日成为德意志皇帝威廉一世的时候，路德维希拒绝出席加冕

礼。他认识到,这标志着巴伐利亚主权的终结,而他只不过是一个曾经骄傲的君主国的傀儡。很快,他开始远离政治,变得越来越痴迷于建造他的城堡。

1869 年 9 月,路德维希开始建造新天鹅堡,那是一个童话般组合:塔楼,有拱顶的入口,以及洛可可风格的奢华装饰,旨在重新创造欧洲中世纪伟大城堡的光荣岁月,给瓦格纳的伟大歌剧所营造的幻想世界充当背景。新天鹅堡的一个房间甚至被建成了人造洞穴,配备了瀑布和钟乳石,旨在模仿瓦格纳在 1845 年的歌剧《唐豪瑟》(*Tannhauser*)中想象的洞穴。当瓦格纳在 1883 年去世的时候,路德维希下令,这座尚未完工的城堡中的每一架钢琴都用黑布覆盖起来,以纪念他的朋友。到 1885 年冬天,新天鹅堡的修建,以及他的其他一些计划,给这位 40 岁的君主留下了超过 1400 万马克的债务。

路德维希远离他的臣民,主要通过电报和信使与他的政府大臣们沟通。1880 年,他任命约翰·冯·鲁兹(Johann von Lutz)为首相,为的是减少自己对政府日常事务的参与。鲁兹被证明是一个非常能干的首相,尽管用不着对越来越与世隔绝、越来越心烦意乱的路德维希负什么责任,这导致他拥有几乎是独裁的权力。然而,这一任命使得路德维希能够奢华地退隐到他自己创造的、"瓦格纳式的"城堡、传说和幻想的世界中。

这一时期,路德维希开始在白天睡觉,在夜晚漫游他巨大的庄园。他让人制作了法国大革命中被杀的法国国王路易十六和王后玛丽·安托万内特(Mary Antoinette)的半身像。这样,他就可以坐在那里与他们共进晚餐。在海伦基姆湖宫——他在慕尼黑南部基姆湖中一座小岛上修建的一个有点像凡尔赛宫的建筑群——他有一张餐桌,专门设计得可以通过餐厅的天花板下到下面的厨房,好让他用不着由工作人员提供服务。

路德维希晚年的大部分时间生活在山林隐蔽处,远离慕尼黑的社会和政治阴谋。能够把他拉回到这座城市的唯一事件,是一年一

巴伐利亚国王路德维希二世耗费巨资建造"童话式"城堡，为的是让自己能够退隐到这些城堡中，生活在瓦格纳的歌剧和民间故事的幻想世界里。

第7章 一个人自己的世界：富贵隐士

> **新天鹅堡：路德维希用石头营造的幻想**
>
> 　　作为19世纪浪漫主义的化身，新天鹅堡如今每年吸引了超过130万游客。它是根据瓦格纳的歌剧《罗恩格林》（Lohengrin）中的英雄人物天鹅骑士来命名的，尽管这位伟大的作曲家从未探访过这座城堡——在它建成之前便去世了。
>
> 　　城堡的首席建筑师根本不是一座建筑师，而是一个名叫克里斯蒂安·扬克（Christian Jank）的舞台设计师，它的很多室内装饰主题，灵感也来自于瓦格纳的歌剧。尽管它被建造得很像一座中世纪城堡，但它充满了那个时代最新的技术，包括抽水马桶，一套复杂的空气供热系统，以及从附近的泉水通到每一层的自来水。它的支承墙是砖砌的，整个正面覆盖着一块块石灰岩板。
>
> 　　它巨大的室内，包括一座拜占庭风格的王座大厅和歌剧厅，后者占据着城堡的第四层，是著名的瓦尔特堡音乐厅的复制品。一些作工复杂的木雕装饰着国王的新哥特式寝宫，为了完成这些木雕，14个木匠和木雕艺人埋头苦干了4年半。

度的圣乔治骑士勋章的授勋仪式，他是圣乔治修道会的保护人。他退隐其中的那些城堡，成了他的整个世界，远不止是对石头的宏大运用。它们表达了这个古怪的统治者如何看待自己，打算让他作为一个瓦格纳笔下英雄人物的自我想象永存不朽。

　　但是，到1886年，路德维希已经完全不同于当年那个干劲十足的年轻君主，那个年轻人20岁出头的时候在加冕礼上曾经让他的臣民们为之倾倒。如今，他看上去远非英雄模样。他头童齿豁，大腹便便，三角形的胡须怎么看都不讨人欢喜。终于，巴伐利亚政府不得不废黜他,因为他连续不断地把巨额的金钱耗费在那些异想天开的项目上,榨干了巴伐利亚的国库,而且速度不减。当时,巴伐利亚的法律规定,一个君主,只有当他被发现在精神上没有能力履行职责的时候,才能废黜他。因此,在一个由政府大臣组成的内部小圈子的安排下,路德维希被宣布精神失常。1886年6月,在慕尼黑附近的伯格城堡被监禁了一段时期之后,路德维希和陪伴他的精神病医生(他给路德维希做了检查,并发现,他只是在遭到监禁的前一周才精神失常)被发现神秘地溺死在施塔恩贝格湖中。

哈里特·库根:麦迪逊大道的隐士

对任何一个人来说,要在熙熙攘攘的曼哈顿岛上过隐居生活,似乎不大可能,即便不是绝对不可能。在19世纪最后几十年里,曼哈顿的下东城是地球上人口最稠密的地方,尽管当你往北进入第五大道更富裕的街区(那里如今被称作中心区)时,人口稍稍稀少一些。

曼哈顿区的第一任行政长官是一个名叫詹姆斯·库根(James Coogan)的人,他在1898年当选这一职位。1883年,他与社交名媛哈里特·格特鲁德·林奇(Harriet Gertrude Lynch)结婚,哈里特是约翰·莱恩·加德纳(John Lyon Gardiner)的后裔。此人是一位英国设计师和军事工程师,1635年移居美洲。詹姆斯和哈里特在一起的那段时期积累了庞大的房地产储备,当詹姆斯在1915年去世的时候,哈里特继续成功地管理着他们的财产。

哈里特在纽约比尔特摩酒店的一个套间里独自一人生活了32年,这家酒店位于麦迪逊大道与第43大街的拐角处。她很少离开自己的房间,就连给她送饭的侍者也难得见她一眼。除直系亲属之外,她似乎很少有朋友(即便有的话)。似乎没有什么理由解释她的遁世隐居,除了《时代》杂志上她的讣告中的一段话之外。这段话是这样说的:"在 1910 年举办了一场遭到上流社会抵制的派对之后,……她闷闷不乐地在与世隔绝中生活了 32 年。"

1947 年 12 月 18 日,哈里特·格特鲁德·林奇·库根在纽约比尔特摩酒店她的套房里辞别人世。

五世波特兰公爵威廉·斯科特-本尼迪克特

19 世纪更古怪的隐士和维多利亚时代英格兰最大的奥秘之一是五世波特兰公爵威廉·约翰·卡文迪什·斯科特-本尼迪克特。他出生于 1880 年,一辈子生活在位于诺丁汉郡北部克伦伯公园的祖宅威尔贝克修道院。他的父亲、四世波特兰公爵威廉·亨利·卡文迪什·本尼迪克特在乔治三世国王统治时期两度出任首相。21 岁那年,由于兄长的去世,威廉·约翰成了他父亲庞大庄园的继承人。

威尔贝克修道院在 12 世纪是作为一座修道院开始的,后来,在 1530 年代解散修道院之后,它成了一幢乡村宅邸。有一段时间,它是纽卡斯尔公爵的主要住处,在 18 世纪被本尼迪克特家族得到。当你探访威尔贝克修道院时,尽管它的建筑令人印象深刻,但在表面上看到的东西,根本比不上其下面所潜藏的东西。在它的基础之下,是巨大的地下房间和通道的组合。它们建造得如此完备,以至于五世波特兰公爵如果不想面对任何人的话,他完全可以做到。他的家如今有点像一个心理学迷宫,让你能够瞥见一个这样的人的内心世界。他继承的遗产使得他能够竭尽全力地避免接触他不愿接触的任何人。

有 15 000 个工匠和劳工负责完成公爵的地下世界。尽管今天的人们忍不住把他视为一个疯狂的怪人,但他在 18 年的时间里所提供的工作岗位,在经济困难时期给这一地区带来了真正的繁荣。他甚

作为五世波特兰公爵，威廉·斯科特-本尼迪克特有资源建造一个自己的世界，在他的祖宅下面建造了一个由房间和通道组成的庞大系统。

第 7 章 一个人自己的世界：富贵隐士

维多利亚女王

当然，一个君主究竟能够在何种程度上抛弃他的臣民，退隐山林，这在某种程度上取决于这个君主国的大小，它在这个世界舞台上的能见度如何，以及它与本民族的历史是如何交织在一起的。对于一个像巴伐利亚这样的小诸侯国的国王来说有可能做到的事情，对于一个（比方说）英国国王或女王来说就是不可能的了。但是，即便是一个在位的君主，也有可能面对悲痛和服丧的时期。

1861 年，维多利亚女王的丈夫阿尔伯特亲王过早地死于伤寒。女王再也没有完全从他的离世中恢复过来。接下来的 25 年里，她大多数时间过着隐居的生活，并开始在某些地方被人称作"温莎的寡妇"。她的隐居服丧期变得如此漫长，以至于百姓开始担心英国及其君主的未来。因为阿尔伯特去世之后，直到 1864 年，也就是亲王去世 3 年半之后，她才第一次公开露面。她暂停了欢迎外国政要，拒绝主持国会的开幕礼。由于她自我强加的隐居，英国公众变得开始疏远她，直到 1887 的登基 50 周年和 1897 年的登基 60 周年庆典，她的声望才开始再次接近于她在 1850 年代所享有的那种令人激动的高度。

至尽可能为这些工人提供驴和马，以帮助他们工作。到他们完工的时候，工程师们已经爆破和挖掘了数千米的隧道。公爵的地下世界是如此庞大，以至于我们依然能看到大量通风管道散落于整个庄园的地面上。他挖出了一个 75 米（250 英尺）长的藏书室，还建造了全英格兰最大（不管是地上还是地下）的舞厅。然而，由于其拥有者的古怪心理，没有任何记录表明，这个舞厅举办过一次舞会。

公爵的私人住处在主屋的 4 个房间里。他通过房门上一个很小的木隔板与仆人交流。如果在过道里碰见任何人的话,他会立即站在那里,一动不动。仆人早已得到指示,假如发生了这样的不期而遇,他们应该继续走自己的路,任何情况下都不要看公爵,也不要跟他说话。他很少去伦敦,每次去的时候,都有一辆马车沿着一条专门修建的 2.5 公里长的隧道到达他的房子,把那位古怪的主人带到附近的工场火车站。在那里,马车将被装进一节专门设计的车厢里。车到伦敦,他会走出马车,藏在定做的大伞底下,躲避公众的视线。

然而,尽管是一个出了名的隐士,但五世波特兰公爵并非对周围的世界漠不关心。在 1850 年代,他安排人用船装运食品,给在克里米亚服役的英国军队,1877 年,他捐赠了一笔相当可观的现金给土耳其的医院,以帮助治疗俄土战争中受伤的土耳其士兵。

尽管表面上看他有种种怪癖,但很有可能,五世波特兰公爵不过是患有一种夸张形式的广场恐惧症,甚至有可能是阿斯伯格综合症,这一心理障碍使得患者几乎不可能与人们一起参与日常的社会工作。可悲的是,他一辈子也没有得到正确的诊断,就这样度过了自己的一生,于 1879 年在他伦敦的住处哈考特公馆辞别人世。

小霍华德·罗巴德·休斯

小霍华德·罗巴德·休斯(Howard Robard Hughes, Jr)无疑是 20 世纪最著名、最神秘的隐士之一。他是一个飞行员、电影巨头、实业家和革命者。霍华德·休斯 1905 年出生于得克萨斯州的休斯敦,父亲是个石油商。霍华德把他拥有的无可匹敌的财富归功于父亲的足智多谋。父亲在 1905 年设计了旋转钻机,并申请了专利,这种钻机带有 166 片排列复杂的切削刃,能够切割厚厚的岩石,旋转

第 7 章 一个人自己的世界：富贵隐士

钻取石油。旋转钻机成了休斯工具公司的基石，租借给世界各地的钻探公司，每口油井 3 万美元。另外一些钻机的专利很快就接踵而至。似乎是眨眼之间，惊人而持久的财富涌向了休斯家族。

小霍华德 16 岁那年，母亲去世了，18 岁那年，也就是 1924 年，当父亲离开人世的时候，他成了一个孤儿。留给这个年轻人的财产价值高达 90 万美元，其中包括父亲所钟爱的、正迅速发展的休斯工具公司 75% 的股份。然而，休斯并不满足于多数股份，接下来，他买断了其他家族成员手里的股份，很快就不仅成功地拥有了整个公司，而且几乎与他的整个家族越来越疏远。诺亚·迪特里希（Noah Dietrich）是威斯康星州一个路德教牧师的儿子，他在 1925 年第一次遇到休斯，并成为休斯工具公司的 CEO，一直执掌休斯帝国，直至 1957 年被休斯解雇。"诺亚能做这事"是人们引用最多的休斯的口头禅之一。作为休斯帝国的管家，诺亚做得很成功。仅休斯工具公司就完全有能力给休斯那些无休无止的、总是占据报纸头条的追求和怪僻提供足够的经费。

在早年，尽管以羞怯和孤僻而闻名，但休斯并没有表现出任何隐居倾向，这种倾向是他晚年的典型特征。他轻而易举地被好莱坞的生活方式和非凡魅力所吸引，并在 1925 年迁居洛杉矶。接下来，他给 3 部电影提供了经费，甚至导演了《地狱天使》（Hells Angels），一部高于平均水平的动作电影，讲的是第一次世界大战中英国战斗机飞行员的故事。这位派头十足的制片人为了增强影片的真实性而购买了一支堪称他自己的私人空军（87 架老式飞机）。这之后，制片成本迅速攀升。当这些飞机在如今的洛杉矶国际机场上空再现空战的时候，休斯自己也坐在飞机上翱翔蓝天。到拍摄快要结束的时候，休斯对真实性的坚持导致 3 个特级飞行员献出了生命。这部电影的摄制成本高达 180 万美元，是到那时为止最昂贵的动作电影。尽管在票房上取得了巨大的成功，但无论如何也收不回拍摄成本。然而，休斯所做的事情已经足以确保他能够激动人心地进入普通电

霍华德·休斯是20世纪最著名的隐士之一。当恐惧和厌恶攫住他的时候,他便把自己与所有人隔绝起来,除了少数几个雇员之外。

第 7 章　一个人自己的世界：富贵隐士

影迷的脑子里。

此时，休斯严肃认真地转向了航空飞行。1930 年，他获得了飞行员执照，创立了休斯飞机公司，以帮助他实现成为美国最伟大飞行员的愿望。一连串世界纪录很快接踵而至，在他驾驶一架洛克西德 14N 超级伊莱克特拉飞机环球飞行中达到了高潮；这次环球飞行只用了 3 天 19 小时 8 分钟，比此前的世界纪录减少了 4 天以上。

在第二次世界大战的黑暗日子里，面对运输巨量军事装备去英国抗击纳粹德国的需要，再加上大西洋航线受到德国 U 型潜艇的威胁，美国政府求助于休斯飞机公司，这家公司在开发另类原型机（包括破纪录的 H-I 比赛飞机）上有相当丰富的经验，政府希望它能够提供一架新型的运输机，不同于此前的任何其他飞机。战争时期各种金属材料（尤其是铝）的匮乏意味着这架飞机要用木料（桦木占绝大多数）来建造。休斯拿出的是一架有史以来最大的飞机，一架带有翼展的水上飞机，总高度超过此前和此后的任何飞机。这架飞机取名"H-4 赫拉克勒斯"，可以运输 700 士兵，被一些批评者贴上了"飞行木材场"的标签。但它还有一个绰号，最终被人们所接受，并概括了飞机主人漫长而引人入胜的一生中所有的怪癖，这个绰号只有两个单词："Spruce Goose"（整洁的鹅）。

具有讽刺意味的是，原型机 H-4 赫拉克勒斯只建造了一架，只飞过一次，那是在 1947 年 11 月 2 日，也就是战争结束两年之后。这次飞行由霍华德·休斯亲自驾驶，有 8 台普拉特＆惠特尼公司制造的星形发动机，每台 3000 马力，把飞机拉升到洛杉矶长滩港卡布里奥海滩上方 21 米（70 英尺）高的上空。它在空中只飞行了 1.6 公里（1 英里）便着陆了，飞行时间不到一分钟。随后，它被拖到附近的一座干坞，停放在一座飞机棚里，一直呆在那里，远离公众的视野，直至休斯去世之后，它才再次出现，在长滩港与"玛丽女王"号并排放在一起。

霍华德·休斯：一幅心理学剖面图

1976年，紧接着霍华德·休斯去世之后，休斯财产的代理人找到在阿拉巴马大学教书的心理学家雷蒙德·福勒（Raymond Fowler）博士，问他是否愿意对这个人就他一生中不同的关键时期做一个心理学评估。按照最初的设想，这原本是一个短期委托，但最后发展成了一项研究，类似于一部传记。它耗去了福勒一生中几年的时间，拿出了一份大概算得上最深入的分析，剖析了究竟是什么驱使休斯成为他那样的隐士。

神经疾病强迫症（OCD）在休斯生前并没有被人们所认识，他从未得到正式的诊断，但有一点已经不再有争论：几十年来他饱受这种疾病的折磨。强迫症源自于大脑中被称作尾状核的那部分，它负责传递感官信息给身体运动和反应。在强迫症患者身上，这些反应有时候可能表达为重复而故意的行为，患者相信这些行为将会缓和自己的焦虑和紧张，尽管这些行为很少对真正的或已经觉察到的威胁产生影响。据估计，每50个人当中就有一个人患有强迫症。如今，对强迫症的影响有了广泛的理解，但在休斯那个时代，他的行为被看作是反复无常的，并导致其他人排斥他。

休斯在晚年表现出来的细菌恐惧症，是强迫症的另一个常见的方面。他对污染的恐惧，对于他决定过一种越来越与世隔绝的生活来说，是一个重要因素。

休斯对手下的工作人员就如何处理各种物体而作出的指示变得极其复杂。他开始痴迷于餐巾纸，指示工作人员（比方说）打开一扇门或拿起一把刀子时应该使用多少餐巾纸。他给手下的工作人员撰写了一本手册，给出了开启一瓶桃子罐头时所应遵循的准确步骤，包括如何除去罐头的标签，如何除去它的残渣，然后如何清洗罐头盒至裸露的金属状态，如何小心翼翼地避免罐头盒接触到装罐头内容的碗。

第 7 章　一个人自己的世界：富贵隐士

在战前的那些年里，休斯似乎毫不费力地获得了成功，而这样的好运在他的晚年却不见踪影。在买下了 RKO 电影公司的股份之后，他以自己那专横独断的管理风格，几乎让这家电影公司跪倒在自己面前。1962 年，他卖掉了环球航空公司（TWA）的控股权，因为有人发现他利用这家航空公司获得其他无关的投资。然而，在这次更像是胜利而不是失败的行动中，休斯持有的 TWA 股份共卖了 50 万美元。

在 1950 年代末和 1960 年代初，休斯开始频繁出入拉斯维加斯的赌场。1966 年，他决定住进这座城市最著名的赌场之一——沙漠客栈。在试图租用它的顶层套间没能成功之后——他被告知这个套间已经被预订了——他索性花 1300 万美元买下了这家酒店，总算住了进去。接下来，他购买了一系列的赌场——花 1460 千万美元买下了金沙酒店，花 2300 万美元买下了边疆酒店，花 1700 万美元买下了尚未完工的地标酒店——在这样做的过程中，他在很大程度上厘清了关于黑手党掌控拉斯维加斯的传说，为拉斯维加斯成为今天家庭导向的、合法的度假胜地铺平了道路。他还雇佣前 FBI 探员，帮助保护他的独处。似乎在眨眼之间，媒体便给他贴上了"拉斯维加斯隐士赌博大亨"的标签。

然而，这并不是休斯第一次选择生活在一家声誉显赫的酒店内。1958 年他就在洛杉矶的贝弗利山酒店生活过。正是在那里，他开始表现出一些怪癖，人们很快就把这些怪癖跟他联系在一起。作为一个长期失眠症患者，他会在酒店房间中央的"无菌地带"赤身裸体坐上几个小时，除了看好莱坞的电影之外，什么事也不做。

他很可能可待因成瘾，那是 1938 年，他驾驶的一架试验性空中摄影侦察机失事（他在这次失事中有幸生还）之后，医生给开了这种药。到 1950 年代晚期，他变得越来越离群索居，雇佣前 FBI 探员给自己跑腿，并越来越多地在社会事务上充当他的代理人。

休斯把自己关在沙漠客栈的顶层套间里生活了 4 年。在 1970 年

| 隐士的生活

霍华德·休斯是一个富翁和天才,在他退隐到自己的隐居世界之前的那些年里,是一个破世界纪录的飞行员和飞机制造商。

的感恩节前夕,他患上了严重的肺炎,被人用担架抬出了沙漠客栈,飞到巴哈马群岛。1970年代初,他健康状况不断恶化,一位给他看病的医生把他的露面比作第二次世界大战期间被迫在日本人的劳动营里工作的瘦弱的战俘。1972年,当美国总统理查德·尼克松试图跟休斯亲自通话时,都没法接通他。即使当他在1973年被奉入航空名人馆的时候,他也没能出席仪式,而是派出了当年环球飞行时他的飞行团队的一位成员;后者为了安抚失望的人群,而把这位离群索居的飞行伙伴称为一个"退隐的、孤独的天才"。

1973年,他住进了自由港市世外桃源公主酒店的顶层套房,期间甚至有一段很短的时间重返飞行,去过几次伦敦,并横跨英吉利海峡去比利时。1976年,他离开了巴哈马群岛,在对不限量供应可待因的永无休止的寻求中飞去了墨西哥。1976年4月5日,再从阿卡普尔科飞往休斯敦,随后死于肾衰竭。

由于休斯在他生命中最后20余年里很少被人看到,再加上他的外貌已经变得几乎认不出来,FBI因此坚持要给休斯敦卫理公会医院里那具所谓死者的尸体做指纹鉴定,好让人们对他的辞世没有怀疑或法律歧义。

在休斯去世之后,五花八门的朋友和熟人向媒体讲述了他们与休斯的交往,并主动说出了他们对他为何如此离群索居的看法。有几个朋友声称,他长期以来表现出了独特的行为征兆,符合强迫症(OCD)或一种温和形式的双相型障碍,包括毕生困惑于豌豆的尺寸,以及总是用卫生纸来打开他浴室里的橱柜,仅仅为了从里面拿出一块肥皂。他让一位理发师随时待命,但他的头发一年只理一次,他把自己的尿储存在密封的罐子里。他强加给自己的与世隔绝,几乎肯定得到了他日益严重的对细菌的非理性恐惧的促进,尽管曾经有人引用休斯的话说,他对微生物的厌恶只不过是"理智地防护对生命的常见危害"。后来的一些传记作者暗示,休斯在年轻时染上的梅毒一直以第三期的形式留在了他的身上,并导致了他很多更怪诞的行为乖张。然而,另一些朋友更仁慈一些,他们透露,休斯患有持续不断地耳鸣,这导致他尽可能远离人群,并在飞机的驾驶舱里得到些许缓解,在那里,耳鸣被引擎的轰鸣声所淹没。无论如何,应该正确地把他的离群索居看作只不过是他非同寻常的一生的一个方面而已。他这一生有很多时间是在公众关注的中心度过的,是美国最有活力的电影制片人、飞行员和商人之一。

第8章　选择孤独：世俗的隐士和遁世者

> 在冬天，他很少走出他隐居的宅第，而是默不作声地、富有耐心地等待时机，好引见绿意盎然的春天。
> ——亨利·特兰布尔在《马萨诸塞隐士罗伯特的生平与冒险》(*Life and Adventures of Robert, the Hermit of Massachusetts*, 1829) 中谈到罗伯特·沃里斯时所说的话

> 我从未发现过像独处这么友善的伙伴。
> ——亨利·大卫·梭罗：《瓦尔登湖》(*Walden*, 1854)

　　那些离群索居的隐士，并非全都是希望离上帝更近一些，或对好奇的公众避之唯恐不及。对于各种各样的社会不适和个人不适，独处可能是一剂解药。寻求独处，可能是为了让自己摆脱一个被隔离的社会，或者是当一个人被悲痛所淹没而没法面对他人时作为一种庇护。一个隐士可以是水手、士兵、护林人、教友、奴隶、青少年或躲避征兵者，一个隐士的家可能是一个山洞，一块伸出的岩石，一间茅棚，一座废弃的混凝土碉堡，一幢郊区的房子，或地上的一个洞穴。

　　根本不存在典型的隐士这么回事。

第 8 章 选择孤独：世俗的隐士和遁世者

费尔南·洛佩兹

自从人类第一次乘船出海以来，就一直存在海上漂泊者，但现代漂泊者的传统是在 15 世纪早期开始的。当时，欧洲人离开沿海水域的安全地带，开始在探险和寻求贸易的航行中驶向世界。16 世纪一个名叫一个名叫费尔南·洛佩兹（Fern？o Lopez）的葡萄牙水手就是一个这样的漂泊者。

1515 年，洛佩兹成了第一个记录在案的被孤身一人留在一座荒岛上的人。当时，他要求把自己放逐到南大西洋的圣赫勒拿岛上，后来，因为拿破仑·波拿巴在滑铁卢惨败之后被流放到那里，而使这座小岛名闻天下。洛佩兹是一个出生于印度的葡萄牙贵族，在印度东南海岸的果阿负责指挥一支守备部队。1503 年，他皈依了伊斯兰教，并与反抗葡萄牙统治的叛乱者站在了一起。洛佩兹被忠于葡萄牙将领阿方索·德·阿尔布克尔克（Alfonso de Albuquerque）的军队俘虏了，他的耳朵、鼻子、右手和左手的几根手指头被砍掉了。

1515 年，他偷偷登上了一艘驶往里斯本的船只，但当这艘船驶近圣赫勒拿岛时，他被人发现藏在船的甲板之下。面对黯淡的未来（如果回到葡萄牙的话），洛佩兹恳求船长把自己留在圣赫勒拿岛上。他随后就被丢在了那里，只给他留了一点肉、一些咸鱼、饼干，一个旧平底锅，一个点火的引火盒。但圣赫勒拿岛对洛佩兹来说代表了一个新的机会，总归要好于流放和痛苦的生活。躲过了在老家等待他的注视和穷困，免去了妻子的羞辱，她肯定会拒绝欢迎一个名誉扫地的军人和残废。在圣赫勒拿岛上，他是个自由人，是周围一切的君主。

圣赫勒拿岛是世界上最偏僻的岛屿之一。它是一个只有 122 平方公里（47 平方英里）的小岛，但它的内部有无数淡水泉，有种类

| 隐士的生活

丰富的可食植物，有大量的山羊，那是从前的探险者引入的。在岛的西北沿岸那些狭窄山谷柔软的火山岩上，洛佩兹用残废的手挖出了一个洞穴，他就睡在洞里一张草床上。在一条岩石嶙峋、陡峭险峻、通常不适宜居住的海岸线上，这些峡谷的谷口提供了几乎唯一安全的港湾。

还要过一年的时间，洛佩兹最早的访客才会到达这里。他们能够找到他的野营地，但看不到居住者的任何迹象。来访者（也是葡萄牙人）给他留下了一些供应，包括一些精心挑选的种子，一些饼干和一封信，希望他一切顺利。当他们离开的时候，船上的一只小公鸡落入了水中。它随后被洛佩兹救了起来，成了他唯一的伙伴。这只小公鸡的忠诚甚至被历史学家加斯帕·科瑞亚（Gaspar Correa）奉为一个脚注："它对他（洛佩兹）的友爱是如此忠诚，以至于他不管到哪儿它都跟着。他对它召之即来，夜里，它就在那个洞穴跟他栖息在一起。"

接下来的10年里，洛佩兹一直在圣赫勒拿岛上过着孤独的生活，他学会了耕种土地、饲养家畜。他栽种了来访的船只带到岛上的果树，种植了蔬菜。后来有一天，一个年轻的日本男性奴隶从一艘泊靠在海岸边的船上逃了出来，为了躲避追捕者而藏到了圣赫勒拿岛的腹地。那艘船离开了，岛上的这两个人不可避免地相遇了，但洛佩兹与这位新伙伴之间的关系无论如何也算不上友善。洛佩兹越来越习惯于孤身独处，最后，那个奴隶同意乘下一趟路过的船离开。但为了让自己获得自由，那个奴隶把洛佩兹的藏身之地告诉了那艘船的船长皮耶罗·戈麦斯·特谢拉（Pero Gomez Teixeira）。特谢拉找到了洛佩兹，尽管没能说服他离开这座小岛，但得到了洛佩兹的允诺：他不再躲避葡萄牙的船只。特谢拉在一封信中向他允诺：他会得到善待，不会有人强迫他离开这座小岛。随后，他代表葡萄牙国王签署了这封信，并把它交给洛佩兹。

1525年，洛佩兹选择回家。若望三世（Joao III）国王饶恕了他

第 8 章 选择孤独：世俗的隐士和遁世者

的叛国罪，他甚至去了一趟罗马，接受克莱门特七世教皇颁给他的赎罪券。洛佩兹给克莱门特留下了很深的印象，以至于同意了他的愿望：回到他钟爱的那座小岛，并交给他一封写给若望三世国王的信，请求国王给这位如今名满天下的隐士提供安全的通道，让他回到圣赫勒拿岛以。就这样，他继续生活在这座小岛上，直至1545年去世。

亚历山大·塞尔柯克

胡安·费尔南德斯群岛是南太平洋一个遥远偏僻、人口稀少的群岛，由7座火山岛组成，距离智利海岸660公里（410英里）。这些亚热带岛屿有着与众不同的生态，包括火冠鸟，那是费尔南德斯群岛所特有的一种蜂鸟，在吸食花蜜的时候喜欢一只脚倒吊着悬挂下来；还有费尔南德斯海狗，曾经被认为灭绝了，直到1965年才被重新发现。然而，尽管这个群岛有着壮观的火山风景，以及古老的熔岩流中切割出来的深沟大壑，并荣登世界遗产名录，但任何一个人要想在地图上找到这个群岛并不是件容易事，叫出其中任何一座小岛的名字就更不用说了。具有讽刺意味的是，其中有一座小岛，全世界几乎每一个说英语和西班牙语的人都很熟悉，这就是鲁滨逊·克鲁索岛，全世界最有名的漂泊者的家。

英国记者和作家丹尼尔·笛福（Daniel Defoe）撰写并在1719年出版的鲁滨逊的故事，是对亚历山大·塞尔柯克（Alexander Selkirk）的传奇经历所作的文学化记述。塞尔柯克是一个苏格兰水手，自1704年起受困于马斯蒂埃尔岛长达4年，这座小岛在1966年被智利政府改名为鲁滨逊·克鲁索岛。塞尔柯克热爱大海。19岁那年，在一场家庭争执之后，他逃离了苏格兰法夫市的老家，去了爱尔兰。在那里，他成了一个航海官——在18世纪相当于现在的大副——在

| 隐士的生活

查尔斯·皮克林（Charles Pickering）船长指挥的一艘拥有 16 门大炮、90 吨位的战船"五港"号上效力。这艘船属于威廉·丹皮尔（William Dampier）指挥的一支由两艘战船组成的舰队，1703 年 4 月从金塞尔港起航。塞尔柯克的意图是要当一名"私掠船船员"，也就是一种合法化的海盗，在西班牙王位继承战争期间被英国政府正式认可，让他们去劫掠西班牙在太平洋的前哨，洗劫他们沿途可能遇到的任何西班牙商船。从金塞尔港起航的时候，塞尔柯克满怀希望，一心想着即将在面前展开的冒险经历。接下来的 8 年时间里，他再也没有回家。

"五港"号的航行是一场灾难。到这艘船绕过了南美危险的合恩角时，它的船员当中将近有 50 人死于坏血病，有人在公开谈论造反。当疾病夺去了皮克林船长的性命的时候，他的副官托马斯·斯特拉德林（Thomas Stradling）取而代之，塞尔柯克与他的关系立即搞僵了，主要是围绕"五港"号的适航性，这艘船的橡木板船壳由于海洋蠕虫的滋生而受到了损坏。船继续向北航行穿过太平洋，与智利海岸平行，距离智利东岸超过 600 公里（373 英里）。斯特拉德林在胡安·费尔南德斯群岛的马斯蒂埃尔岛的避风湾抛锚停泊，以修补船体，并让船员们休息。当然，这意味着塞尔柯克并没有遭遇海难。他只是拒绝重新登上一艘他认为不适于航行的船。斯特拉德林把他留在了那里，只留给他一箱东西让他维持生命：他的航海装备，一本《圣经》，一把刀子，一点烟草，一个水壶，一把枪（带有火药和少量子弹），一些铺盖和衣服，一些食品，以及数量有限的朗姆酒。一个月之后，"五港"号在南美海域沉没，几乎所有船员全都葬身鱼腹。

塞尔柯克知道，胡安·费尔南德斯群岛一直被逃避西班牙人的英国海盗用作安全港，并认为自己只会在那里逗留很短一段时间。然而，他在那里的头几个月，其典型特征是沮丧和消沉，被一种压倒性的孤独感所折磨。幸运的是，塞尔柯克的新家似乎是专门为漂

第 8 章 选择孤独：世俗的隐士和遁世者

泊者量身打造的。它气候温和，几乎像地中海一样，既没有有毒的动物，也没有有毒的食品。在岛上蚀刻甚深的火山岩当中，他找到了充足的淡水。西班牙人在1575年带到这座小岛的野山羊，为他提供了肉食，还有它们的皮。他把山羊皮绷在用甘椒树和野草做成的茅棚的外墙上，提供了足够的保护，为他遮风挡雨。当他的衣服穿破的时候，他就用山羊皮做成新的行头，包括一顶帽子，用来保护他的脸部，免遭热带太阳的灼晒。

山羊给他提供了肉食，而岛上的野猫——也是先前路过的船只引入的，他曾经设法驯化它们——则给他提供了友谊。他通过打磨"五港"号留下的铁箍做成刀子，用旧钉子即兴制作成缝纫针。他划着一条挖空的独木舟环绕这座小岛航行，吃多刺的龙虾，吃海狮——它们懒洋洋地躺在马斯蒂埃尔岛的沙滩上，很容易捕捉。岛上的植物群当中包含一些可以食用的、像卷心菜一样的植物，还有野生的浆果和水田芥。塞尔柯克点起一堆信号烽火，接连几个小时独自坐在岛上一座小山的山顶上，直勾勾地望着远处的大海。

然而，春去冬来，他开始考虑这样一个让人无法接受的事实：可能永远不会有人来救他。他开始谋划未来。他使小山羊受伤变成残废，这样一来，当他老了的时候，它们也不会跑得比他更快。当火枪的火药用完的时候，他把火枪各种不同的零部件拆卸下来，做成钓鱼钩和一根很小的锯。

1709年2月2日，伍兹·罗杰斯（Woodes Rogers）船长指挥的350吨位的英国护卫舰"公爵"号救出了塞尔柯克。具有讽刺意味的是，塞尔柯克比很多营救他的人更健康，他能够在这座小岛的海滩上跑赢船上的狗。船上的航海日志记载："他由于缺乏使用而把自己的语言忘得差不多了，以至于我们几乎听不懂他说的话，因为他总是半句半句地说话。"然而，罗杰斯还是让塞尔柯克成为他的团队中的一员，他们一起去劫掠西班牙港口，俘获了两艘西班牙大帆船。罗杰斯把其中俘获的一艘船交给塞尔柯克指挥，1711年10月14日，

亚历山大·塞尔柯克在马斯蒂埃尔岛孤身一人生活了4年之后,被"公爵"号上的水手营救了出来。长篇小说《鲁滨逊漂流记》就是基于他的故事写成。

他们一起回到了英国。

罗杰斯远征期间所劫掠到的财宝,塞尔柯克分得的份额总共 800 多英镑。他回到了法夫市的老家,如今是个有钱人了。然而他发现,重新融入社会无论如何都是不可能的了,于是他成了一个隐士,生活在老家山上一个洞穴里。在两次失败的婚姻之后,1720 年,他再次出海,在英国军舰"威姆士"号上担任大副,但在 1721 年死于病毒感染。他被葬在海上。

最近的考古发掘进一步揭示了这位全世界最有名的漂泊者的日常生活。有人在一座火山坡上 300 米(984 英尺)的高处找到了两个火坑,还有航海分线规的铜尖端,几乎肯定是塞尔柯克的。野营地的海拔高度也搞清楚了。塞尔柯克用了大量的时间来眺望过往的船只,他不愿意在海滩上安营扎寨,因为他担心被西班牙的监视哨看到,他们肯定会把他作为海盗吊死,要么把他卖给人家当奴隶。

威廉·威尔逊

关于威廉·威尔逊(William Wilson)和他姐姐伊丽莎白(Elizabeth)的早期生活,我们所知不多。关于他们的父母,我们几乎一无所知,我们只知道,他们很可能出生于宾夕法尼亚州切斯特县的某个地方。至于他们究竟谁年长一些,也只是猜测而已。尽管大多数材料表明,伊丽莎白出生于 1758 年,而她弟弟出生于 1764 年。然而,这两个日期决不是人们一致同意的。

我们所知道的是,他们的母亲在他们很小的时候就去世了,父亲再婚了,继母很少关注他们。大约 1780 年前后,他们分开了:威廉被送到兰开斯特县,成了一个石匠学徒,而伊丽莎白在附近的一家小旅馆里找到了一份工作。但是,当伊丽莎白怀上了旅馆一位客人的孩子的时候,一系列的事件便发生了,不可阻挡地使威廉脱离

| 隐士的生活

了在历史上默默无闻的状态，成为美国19世纪最著名的隐士之一。

伊丽莎白在家里生下了一对双胞胎，他们的名字不为人知。他们刚出生几个礼拜便死掉了——被杀死的——尸体被丢在了树林里。伊丽莎白遭到逮捕、控告，并被判定犯有谋杀她"两个私生子"的罪行，在1785年12月7日被判处吊死。

这一时期，威廉在兰开斯特县工作，根本不知道降临在姐姐头上的一连串悲剧事件。然而，姐姐遭到逮捕和审判的消息显然在审判结束之后传到了威廉那里，就在姐姐被处决之前的几天，他回到了切斯特，并立即开始组织一次抗辩。当他跟姐姐对话的时候，姐姐透露，是孩子的父亲杀死了两个孩子，之后还要她允诺不透露真相。威廉立即记录了姐姐的供述，并提交了这份证词，执行被推迟到1786年1月3日，以等待更多的证据。

由于几次意外的耽搁，威廉知道姐姐处决的那天才获得了对姐姐的完全赦免。这一纸赦免令终于到了他的手里，在费城由最高执行委员会副主席查尔斯·比德尔（Charles Biddle）签署。威廉快马加鞭，从费城往切斯特赶，但他还是没能及时赶到。据目击者说，他一边高喊着"赦免令，赦免令"，一边打马冲进了切斯特城。他到达的时候，一辆马车刚刚把他姐姐拉走。事实也好，传说也罢，据说，威廉的马在看到伊丽莎白的尸体时后腿直立了起来，把他扔进了烂泥里。就在他钟爱的姐姐身边，他的头发一下子变白了。

威廉回到了兰开斯特县，试图重新融入社会，但最终白费力气。他受不了自己到达得太迟，来不及救姐姐，他成了一个漂泊者。接下来的16年，他一直在旅行中度过，大致沿着向西的方向，穿越宾夕法尼亚州的高山峡谷，一路上得到了一些典型的隐士绰号，比如"威尔士山的隐士"之类，并在约克县偏僻的科尼瓦戈山区生活了许多年。

1802年，威廉来到赫梅尔斯敦，定居于萨斯克汉那河的支流斯沃塔拉河畔一个石灰岩洞里，距离今天的赫尔希镇只有6公里（4

英里)。在他的整个余生,那里将一直是他的家。

他在比克曼镇的那个石灰岩洞经过了4亿年雨水的冲刷而成,无论你按照什么标准来衡量,都算得上宽敞。它有一个8米(26英尺)的入口,沿着一条30米(100英尺)的小溪,向下通到一个又大又深的洞室,那里成了威廉主要的起居区。一条绳梯可以通到一个天然形成的壁架,他在上面铺了一个稻草褥垫作为自己的床,使他能够很方便地保持高出洞穴潮湿的地面之上。壁架的高度还意味着他免去了棕熊及其他哺乳动物所带来的不愉快。他唯一的财产是一本《圣经》,一张桌子和一把椅子,以及一些最基本的做饭用具。威廉的存在很快成了附近德里镇居民谈论的话题,但他刻意避免任何接触,无论何时,如果碰巧有人出现,他都会躲到洞穴的隐蔽处。他唯一的熟人是当地的一位农场主,他偶尔会拿洞里打磨的石头跟此人换点粮食。

威廉死于1821年,在洞穴里孤身一人生活了18年,就这样获得了"宾夕法尼亚隐士"的头衔。他去世之后不久,很快就有一些记述写到他不同寻常的一生,包括一本24页的题为《宾夕法尼亚隐士》(The Pennsylvania Hermit)的小册子,以及一本《独处之乐》(The Sweets of Solitude),据称是威廉自己写的,但其中包含了几个事实错误,因此很可能是伪造的。

罗伯特·沃里斯

1829年春天一个晴朗的日子,亨利·特兰布尔(Henry Trumbull)正沿着锡康克河畔一个小岬角漫步。那个地方位于罗德岛州与马萨诸塞州交界处的普罗维登斯以南两公里处,他在寻找一位隐士。特兰布尔是《印第安战争史》(History of the Indian Wars)的作者,这本书叙述的是移民者与新英格兰印第安人之间的早期冲突。好奇而关切的本地人请求他写写当地一个隐士的生平,他们只知道此人叫"穷罗伯特"。在特兰布尔介入之前,任何地方所能找到的关于罗伯特的唯一记述是一篇短文,它与其说是事实性的,不如说是诗意性的,无异于道听途说,是三年前本地的一位记者撰写的。其中有下面这样一段:

> 在一个山崖之下,那个最偏僻的地方,
> 牧羊人的足迹也最难到达的地方,
> 在一个不是由凡人的双手挖出的深洞里,
> ……艰苦而孤独,对自己很残酷。
> ——道格拉斯·霍姆斯,载《文学新手》
> (*The Literary Cadet*),1826年6月

特兰布尔来到罗伯特的人工石洞里,这个被挖空的石洞位于一圈铁杉树篱和乱蓬蓬的石楠之内,俯瞰着锡康克河平静地水面。他把两块充当大门的木板拖到一旁,心惊胆战地朝里面张望。

一个男人正坐在一个小木凳上,他在吟唱。当特兰布尔解释自己贸然拜访的理由时,此人(他不大敢跟偶尔来访的客人说话)邀请这位作家进入了一个几乎容不下两个人的空间。他介绍自己名叫罗伯特·沃里斯,并决定允许来访者撰写自己的传记。然而,使这次交谈变得如此不同寻常的是,沃里斯远不只是又一个隐居的美国人。事实上,沃里斯是一个非裔美国人,一个获得了自由的奴隶,他的故事——篇幅为36页的《马萨诸塞隐士罗伯特的生平与冒险》——成了最早公开出版的关于一个美国黑人渴望在美国过隐居生活的报道。

罗伯特·沃里斯1770年出生于新泽西州普林斯顿,生下来就是个奴隶。他母亲也是个奴隶,他还有一个姐姐。4岁那年,他生身父亲(一位显赫的白人地主)在自己的女儿与约翰·沃里斯订婚的时

第 8 章 选择孤独：世俗的隐士和遁世者

候，把罗伯特包括进了女儿的嫁妆里，小罗伯特就这样被带到了马里兰州。他再也没有见到过自己的母亲和姐姐。

罗伯特在马里兰州长大成人，他在一个种植园里干活，有一段时间还当过鞋匠学徒。大约 20 岁左右，他遇见了阿莉·彭宁顿（Alley Pennington），并深深地爱上了她，她答应嫁给罗伯特，如果他能获得自由的话。平生第一次，他终于觉得生活中有这么多美好的东西值得他为之而活，罗伯特决心要做一个自由人。

他找到一个名叫詹姆斯·贝文斯（James Bevins）的朋友，给了他 50 英镑。这些钱是他平日里积攒下来的，为的就是赎回自己的自由之身，于是，他成了一个自由人。他娶了阿莉，他们有两个孩子，过了 3 年无忧无虑、幸福快乐的生活。但这样的生活并没有持续下去。

出于不为人知的理由，贝文斯出卖了沃里斯，他在一个漆黑的深夜被人抓走了，从此与家人分离，他跟着一群人登上了一艘驶往南卡罗来纳州查尔斯顿的纵帆船。他在那里遭到了监禁，随后又逃走了，登上另一艘驶往马萨诸塞州的纵帆船。在那里，他被人发现，重新被卖作奴隶。在一位刑满释放的贵格会教徒的帮助下，沃里斯第二次获得了自由，成为这位贵格会教徒拥有的一艘小双桅船的船员。作为一名水手他表现出色。在接下来的 15 年里，他驶遍欧洲各大港口，远至印度。他甚至又结婚了，但他内心的思念从未远离他深爱的阿莉。

在最后一次航行印度之后，沃里斯回到了马萨诸塞州的塞勒姆港。在那里，他离开了自己的第二任妻子，他对她没有多少留恋，他一路向南，试图寻找一个可以称之为家的地方。他回到了马里兰州，不料却得知，阿莉和他们的孩子在他被绑架之后陷入了贫困。阿莉没有能力照料自己的孩子，在一次抑郁症发作中，她自杀了，没有一个人知道他的孩子们的下落。这个毁灭性的消息让沃里斯内心中充满无以言说的悲痛，他离开了马里兰，回到了北方。

| 隐士的生活

　　沃里斯住进了普罗维登斯一个很小的临时住所里。在极端原始的条件下生活了几年之后，他寻求并得到了一位名叫特里斯塔姆·布鲁吉斯（Tristam Brugiss）的土地拥有者的允诺，把他简陋的住处改造成更坚固的建筑，使他能够享受一个小炉子的奢华。布鲁吉斯先生还慷慨地给了他一小块地，好让他能够种植蔬菜。到亨利·特兰布尔沿着当地人称作狐狸角那个地方费力跋涉并请求允许自己倾听他的故事的那个时候，罗伯特·沃里斯差不多60岁，已经在锡康克河畔孤独地生活了18年。

　　特兰布尔把沃里斯描述为一个令人愉快的人，他的混血出身使得他的肤色"只是比白人稍暗一些，以至于很多人误认为他是白人……"尽管他看上去可能有些苍白，但沃里斯声称，他的皮肤是由于长年累月地生活在狭小的、常常是烟熏火燎的居所里而人为地变黑了，远不如他年轻时的肤色。尽管经历了很多磨难，但他似乎是个温和有礼的人，只是有点羞于1.83米（6英尺）的身高。这个男人自己缝补衣服，而且，据特兰布尔说，他从不允许有一句污言秽语从自己的嘴里说出来。他住的地方极其狭小，不可能站起身来。在房间的中央，有一个火炉，还有一个建造得很粗糙的烟道。房间的一端有一张稻草床，以及一张桌子，桌子上有一个小洞，通常用来盛放谷物。屋顶是石块和稻草，被一些看上去太过细弱的树枝所支撑。

　　墙上打了一些洞，每当冬天来临，沃里斯便用海草把这些洞塞住。这些洞把十分需要的光亮带到这个特兰布尔所说的"既孤独又黑暗的地方……它非常适合一个厌世者和隐士。"沃里斯究竟是如何孤身一人在黑暗中度过漫长的时光，同时又保持令人愉快的面容和温文尔雅的举止，这一点恐怕谁也不会知道了。但是，如果你考虑到他的黑人同胞在南部邦联所承受的剥夺，大概就不难理解，仅仅呼吸自由的空气就足够了。

　　罗伯特·沃里斯并不怕死。亨利·特兰布尔引用他的话说，他

第 8 章 选择孤独：世俗的隐士和遁世者

盼望着"对这个世界说再见"的那一天。1832 年，沃里斯在锡康克河畔他的隐居棚里孤独地死去，到最后一刻也是一个内心满足的隐士。

查尔斯·兰伯特

查尔斯·艾伦·兰伯特（Charles Alan Lambert）1823 年出生于英格兰的林肯郡，但他后来作为一个隐士，隐得如此成功，使得我们对他的早年生活所知甚少。年轻的时候，他曾攻读植物学和药草栽培，1841 年，移民美国。在经历了几次不大成功的爱情事件之后，兰伯特决定在新罕布什尔州的曼彻斯特买下一块面积为 16 公顷（40 英亩）的地，位置就在当地人曾经称之为"蚊子塘"、也就是如今的克里斯特湖附近。他在这块地上建起了一座小木屋，决心过隐居生活——其时间之长，在现代隐居生活的历史上几乎无可匹敌。

兰伯特独自一人在他的小木屋里生活了 60 多年。他饲养绵羊，出售自己的药草园里种植的草药给本地的药房，写诗（没有一首诗幸存下来），热爱阅读，通常不跟人来往。许多年来，他还发掘出了一批引人注目的美国土著人的手工制品。

摄影师尤里克·布尔乔亚（Ulric Bourgeois）毕生都在拍摄魁北克乡村和曼彻斯特有影响的法裔美国人社群。在世纪之交前后，他几次探访兰伯特的小木屋。他拍摄了数十幅照片，甚至把这位隐士的形象放在了一系列明信片上，因此而导致的宣传给兰伯特带来了一个他并不想要的头衔："蚊子塘的隐士"。兰伯特开始接待川流不息的来访者，最远的甚至有来自波士顿的人。布尔乔亚给兰伯特拍的照片，呈现了一个非同寻常的形象，很难找到恰当的语言来表述。这位隐士当时 70 多岁，看上去正当盛年。一头蓬乱的白发，眼神坚决果敢、富有活力。有一张照片表现他站在自己的小木屋前，手里拿着一把长柄大镰刀。另一张照片拍摄于 1907 年，表现他正信心十足地摆弄一条小蛇。事实上，要不是因为布尔乔亚对查尔斯·兰伯特表现出了兴趣的话，他很有可能在历史的长河里湮没无闻了。

89 岁那年，由于糟糕的健康状况，兰伯特不得不离开他钟爱的小木屋，他生命中的最后两年是在曼彻斯特的圣约翰疗养院里度过的。兰伯特死于 1914 年，葬在圣约瑟墓地，墓碑上只有简单的两个字："隐者"。

马森·沃尔顿

1903 年，一本题为《隐士的野生朋友，或森林里的 18 年》（*The Hermit's Wild Friends, or, Eighteen Years in Woods*）的书出现在美国各地的书店里。它的作者是个无名之辈，自 1884 年以来一直在马萨诸塞州港口城市格洛斯特外的森林里过着与世隔绝的生活。他在一条小河畔建造的那间典型的美国小木屋叫做"富勒·布鲁克"，距一条人迹罕至的老路并不是很远；这条路曾经把格洛斯特与附近的塞勒姆市连接起来。然而，这位隐士似乎非常热爱户外生活，尽管有屋顶、地板和四壁围成的相对舒适的空间，但他一年中还是有 9 个月睡在户外，睡在两棵铁杉树之间的吊床上，好让他离自己喜爱的植物和动物更近一些。事实上，不管他的家是什么，你很难说他 33 年来称之为家的，究竟是小木屋，还是环绕着小木屋的那片森林。他名叫马森·沃尔顿（Mason Walton），他的书将帮助他成为 19 世纪美国最著名的隐士之一。

马森·沃尔顿 1838 年出生于缅因州的老镇，在当地一家私立预科学校攻读过鸟类学和植物学。内战期间他失去了两个兄弟，1877 年在结婚 7 年之后，他又失去了妻子奥利弗和他们刚出生的女儿，当时妻子正在分娩。1880 年，他工作的那家制药公司把他派到了波

第 8 章 选择孤独：世俗的隐士和遁世者

士顿。1885 年，他被诊断患上了一种严重的呼吸道疾病，医生建议他为了自己的健康搬到山里去住。

尽管他想到，自己的样子想必有点像可怕的"活骷髅"，但他依然不顾医生的建议，登上了一艘驶往渔业港城格洛斯特的蒸汽船"格洛斯特城"号，希望加入这座城市传说中的拖网渔船队。沃尔顿热爱大海，并认为海上的空气能够给他带来奇迹般的康复。然而不幸的是，他的健康状况极为糟糕，一个接一个船长都告诉他，他们"不想要一个病人"。于是，他只好很不情愿地选择居住在格洛斯特城西边的一个被称作雷文斯伍德公园的森林地区。

正是在那里，他开始研究周围的植物群和动物群，独自一人生活在一间小木屋里。这间木屋一直立在那里，佐证着他的生活和工作，直至 1948 年毁于大火。今天，唯一让人们想起马森·沃尔顿曾在那里生活过的东西，是一块小牌子，上面写着：

> 在此地附近的小木屋里，
> 马森·沃尔顿，
> "格洛斯特城的隐士"，
> 大自然的热爱者，
> 生活了三十三年。

沃尔顿捕捉动物，为的是更好地理解它们的行为，但他没法把它们看作是样本，相反，他深深地依恋它们，给它们赋予几乎像人一样的特征。他给自己最喜爱的一只红松鼠取名"俾斯麦"，因为他认为这只松鼠"富有机智"；他很喜欢一只有着非凡唱歌天赋的麻雀所建立的麻雀们的"唱歌学校"，这只麻雀是在他的精心呵护下恢复了健康。他开始使用"隐士"这个笔名给《田野与溪流》（Field and Stream）杂志投稿，并每天步行去城里，搜集《格洛斯特每日新闻报》（Gloucester Daily News），购买供应品。此外，他过着完全自

| 隐士的生活

力更生的生活。他发现,周围生长的野越桔很适合他糟糕的身体,他忍受了两年之久的持续不断的咳嗽,几个月之后便消失了,就连消化不良所带来的持续痛苦也减弱了。沃尔顿沉浸在大自然中,他的隐居生活方式很快就让他感觉到自己重新恢复了活力。

在他不给植物和动物编制目录的时候,他总是坐在那里,对身边安尼斯夸姆河水的涨落起伏感到惊奇,默默地看着河上的渔船绕过东角,满载而归,或面对着撒切尔岛上的双子灯塔陷入沉思。他在小木屋的旁边栽种了葡萄,还侍弄了一些花圃,这给他在接下来的7年里带来了兴旺的插瓶生意。那些年他过得十分愉快,很高兴发现了隐藏在树林深处的基岩层,体验大自然一切的美和复杂性,总是独自一人沿着山林小溪的岸边漫步。沃尔顿还作了详细的笔记,描写他最近见到的一切事物,从死松枝在森林地面上留下的图案,到附近铁杉树上数不清的鸟儿鸣唱。

最后,谦逊低调、羞于宣扬的沃尔顿获得了"雷文斯伍德隐士"这个名号。当《波士顿环球报》(*Boston Globe*)把他称作"新英格兰最著名的隐士之一"时,美国各地的爱鸟者和自然主义者开始来找他。在他去世之前的那几年里,慕名前来的人多达4000人。他1917年死于肺炎,享年79岁。

诺亚·龙杜

诺亚·约翰·龙杜(Noah John Rondeau)1883年出生于纽约州一个叫做奥塞柏福克斯的小地方,位于阿第伦达克荒野的境内。尽管他的教育程度只有八年级,但他对天文学产生了强烈的兴趣,喜欢演奏小提琴,并且有良好的阅读能力。十几岁的时候,他从家里跑出去了,不过并没有跑远。之后的15年时间里,他有很长时间在拉基特河畔一个名叫科里的小村里做杂工。

第 8 章 选择孤独：世俗的隐士和遁世者

1914 年，龙杜在冷水河周围地区开始短时期的打猎和野营生活。1929 年，也就是在他 46 岁那年，他决定把文明抛置身后。他骄傲地自封为"冷水河市的市长——本市人口：1 人"，并在他的"城市"里建造了一系列建筑，包括两间 2.4×1.8 米（8×6 英尺）的简陋木屋，他分别称之为"档案馆"和"市政厅"。一系列棚屋围绕着他的"小木屋"，被用来储存木柴。其中一间被称作"美容厅"，里面有一个被挖空的树墩，被他用作脸盆，旁边有一个用熊头骨雕成的肥皂盒。

> 4:30，拂晓时早餐。我去剥下了一只熊的头皮，把皮用盐腌好。然后沿着老河小道向上步行 7 英里。一只山猫悬在赖特梅耶河畔的一棵松树枝上。两只大雄鹿在苏厄德营地。我在冷水河看到一只鹿正在苏厄德溪的河口上。在冷水河市政厅，我打扫了营地——我弄了一张新床——我赶走了老鼠，设置了一个陷阱。我仔细检查了我的城市街道——冷水河市。
> ——龙杜的日记一则，1950 年 11 月

龙杜总是通过他手工做的望远镜凝望星空，身边总是有几本天文学的书，还有一大堆亨利·大卫·梭罗的作品。尽管按照阿第伦达克隐士和山林之人的优良传统，独自一人生活，但他并不反感接待来访者。座落于深受欢迎的诺斯维尔徒步旅行小道附近，他一年要接待多达 200 位来访者，常常用机智活泼的谈话和偶尔的小提琴演奏来招待徒步旅行者。

诺亚·龙杜在阿第伦达克荒野的冷水河畔建造了自己的"城镇",他独自一人在这座城里生活20多年,但他很高兴欢迎路过营地的来访者。

第 8 章　选择孤独：世俗的隐士和遁世者

看来，龙杜似乎天生适合过隐居生活。他穿着鹿皮裤子，其缝纫质量据说不亚于第五大道最好的时装店。然而，他最珍视的衣服是他的渔袋，那是用鹿脖子上的一块皮做成的，可谓天衣无缝。

尽管多年以来与纽约州环保局爆发了一连串的战斗，但他完全成了这片风景的组成部分，以至于环保局最终用空投的方式给他送来了一些补给及其他必需品，比如每年更新他的纽约州打猎执照。1946 年，《纽约环保主义者》(*Nork York Conservationist*) 杂志上的一篇文章把他描述为一个鲜活的例证，证明了保护阿第伦达克荒野的重要意义，并标志着龙杜隐姓埋名的状态开始走向终结。这在 1947 年以极为壮观的方式达到了高潮，当时，一架直升机把他从冷水河营地接了出来，带到了纽约市的麦迪逊广场公园。在那里，他在全国运动员展览会上证明了自己的明星魅力。

龙杜继续留在了冷水河，直至 1950 年，一场被当地人称作"巨爆"的巨大风暴把阿第伦达克荒野的很多地方夷为平地，当局在后来 3 年里对外来者关闭了这一地区。到那时候，龙杜已经 67 岁，终于被迫离开钟爱的隐居地。生命中最后的 17 年他一直生活在普来西德湖和萨拉纳湖附近，再也没有回归他的隐士生活。他 1967 年辞别人世。他最后的小木屋今天依然可以看到，保存在纽约州蓝山湖的阿第伦达克博物馆里，它的树皮和沥青纸屋顶依然完好无损。

罗伯特·哈里尔

罗伯特·哈里尔（Robert Harrill）1893 年出生于南卡罗来纳州的加夫尼，他注定要度过十分不不幸的一生。他在一个虐待成性的家庭里长大成人。父亲脾气火爆，继母从来没爱过他。还是个孩子的时候，他就眼睁睁地看着自己的两个兄弟死于伤寒症。对进化论的强烈信念导致他被学校开除，这之后，他跟亲戚生活在一起，但他没有能力找到一份稳定的工作。1913 年，他结婚了，但他不稳定的生活最终导致婚姻关系最终恶化。他的长子死于自杀，接下来，亲戚把罗伯特送到了一家公立精神病院。哈里尔在一生中前 64 年里所经历的唯一平静的时期，是他在南卡罗来纳老家周围的森林里漫游的那些时光。

在用一根旧汤匙做成一个粗糙的钥匙之后，哈里尔走出了精神病院，并决定前往渔夫堡。那是北卡罗来纳州开普菲尔河附近的一个堰洲嘴，距离他儿时曾经渡假的地方不远。按照官方的说法，哈里尔在 1955 年达到那里，但一些当地人声称，他们 1954 年就见过他。考虑到飓风黑兹尔即将登陆，不能不说他是一个格外倒霉背运的家伙。作为 20 世纪最具破坏性的风暴之一，飓风黑兹尔以每小时 240 公里（150 英里）的速度，把南卡罗来纳州的渡假胜地默特尔比奇市 5 幢临海建筑中的 4 幢夷为平地，几乎把南卡罗来纳边境与开普菲尔河之间人类居住的痕迹消灭得一干二净。不消说，罗伯特·哈里尔的帆布帐篷根本没有机会幸存下来。

在第二次世界大战期间，沿着海岸线修建了一系列的防御工事。在飓风黑兹尔之后，哈里尔认为审慎的做法是把自己的新家安顿在开普菲尔河口附近一幢废弃的混凝土碉堡里。在随后的 17 年里，他将一直生活在那里，并赢得"开普菲尔河隐士"的名声。这是当地的一个记者给他贴上的标签，尽管根本不能说他是一个典型的隐士。他很高兴与任何一个试图探访他的人做伴，只要来访者愿意坐在他自封的"常识学校"里，聆听他的长篇大论。哈里尔最终在他的来宾登记簿里搜集到了十万多个签名，这些人来自全国的每一个州，来自世界各地。他那些平淡而实在的谈话，深深打动了 1960 年代那些不满而反叛的年轻人，并帮助他的小屋成为全国第二大游览胜地，仅次于第二次世界大战中的战舰"北卡罗来纳"号；在附近的威尔明顿市，这艘战舰永久性地停泊在开普菲尔河上。

哈里尔开始懂得一个大多数人都不明白的道理，正如作家梭罗

第 8 章 选择孤独：世俗的隐士和遁世者

所说，我们的生命可能被"琐碎之事消耗殆尽"。他接过了梭罗对简单的挑战，放弃了世人认为必须的很多东西，按照自己的标准生活。他肯定反叛的行为，他来到开普菲尔河的第一年就几次出现在法庭上。第一次是在他被当作流浪者而遭到逮捕之后，另外几次由于他根据自己的信念采取行动，面对当地一些人的反对，捍卫自己占住那座碉堡的权利。这些人谎称，他是作为一个钓鱼向导谋取生计。他告诉一些探访他的人，他来到开普菲尔河的真正原因是他小时候遭受过的虐待，他要写一本关于家庭虐待的书，他给这本书取的标题是《每个家庭里的暴君》（*A Tyrant in Every House*），但没有找到任何证据表明这本书的存在。

哈里尔最终找到了他长期以来寻求的平静，把自己的生活描述为一系列温和的潮涨潮落。他的生活取决于大自然，而不是取决于人。他栽种了一片小菜园，作为补充，有从附近的牡蛎场捡拾来的牡蛎，还有从大量的盐滩和沼泽中捕捉的鱼虾。他并不反对从来访者那里接受食品和礼物，这样的来访者越来越多，他在门外放置了一个铸铁煎锅，任何一个愿意捐点小钱的人都可以帮助他，以满足他有限的花销。

罗伯特·哈里尔死于 1972 年 6 月，享年 79 岁。人们在他家里发现了他的尸体，浑身湿漉漉的，遍体鳞伤，明显是一次暴打的受害者。然而，新汉诺威县警察局认为，调查哈里尔的死因并没多大意义，在没有尸检的情况下，他的死被归因于心脏病发作。并非所有人都相信这一点。哈里尔的一个儿子爱德华甚至在当地的电视上宣称，他觉得父亲是被人谋杀的，并指控地方当局掩盖真相。

今天，在那座碉堡的附近依然可以看到一块牌子，上面写着："罗伯特·E. 哈里尔，渔夫堡隐士。他使得人们思考。1893 年 2 月 2 日~1972 年 6 月 4 日。"罗伯特·哈里尔被安葬在北卡罗来纳州卡罗来纳比奇的联邦角卫理公会教堂墓地。

| 隐士的生活

> 每个人都应该每24小时当几分钟至个把小时的隐士，以便研究、思考，并与他们的造物主沟通。
>
> ——罗伯特·哈里尔，在接受《新汉诺威太阳报》
> （*New Hanover Sun*）采访时说的话，1968年

瓦莱里奥·里塞蒂

那是1929年一个大雨滂沱的日子，瓦莱里奥·里塞蒂（Valerio Ricetti）从希尔斯敦出发，步行了120公里（75英里），在越来越暗的暮色中抵达新南威尔士的格里菲斯城。带着他所有的世俗财产——结结实实地塞满他的行囊里。他来到一块伸出的巨大岩石下面，并决定就在这里过夜，明天早晨再步行进城。这个无意识的、仓促的、被大自然的变幻无常所控制的决定，将永远改变他的一生。

直到第二天早晨一觉醒来，里塞蒂才充分认识到那个给他提供庇护之所的岩层有多么巨大——当地人称之为"美景山"——它的覆盖面积超过16公顷（40英亩），位于迈克弗森山脉的最南端。他碰巧遇到的这个地方，最终将使得他能够利用从前很短的一段时期里在意大利当石匠学徒时所习得的手艺，给自己雕镂出一个家。附近有水果和蔬菜农场，甚至还有一个淡水库。里塞蒂所到达的这个地方，他有朝一日会称之为 mia sacra collina（意大利语：我的圣山）。后来那些年里，媒体错误地把它翻译成了"隐士洞"。它将被证明是一个怎样的洞呢？

瓦莱里奥·里塞蒂1898年出生于意大利阿尔卑斯山脉的小城松达洛。从很小的时候起，他就渴望生活在澳大利亚。1914年，也就是16岁那年，他抵达了南澳大利亚。尽管他的名字并没有出现在轮船的旅客名单上，也没有现存的官方记录表明他进入了这个国家，或任何其他国家。他在阿德莱德工作了几个月，然后长途跋涉，经

第 8 章 选择孤独：世俗的隐士和遁世者

由爱丽斯泉，前往布罗肯山，在一些大银矿和铅矿干活。布罗肯山座落于地球上最大的铅矿和锌矿的顶部，尽管探险家查尔斯·斯特尔特（Charles Sturt）在 1844 年看到的像"断裂山"（译者注：这是布罗肯山的英文原意）一样露出地表的矿层早就被开采殆尽，但这一地区下面依然蕴藏着丰富的片麻岩、片岩和侵入形成的花岗岩，足以帮助里塞蒂发财致富。

他住进了当地的一家寄宿公寓，并开始努力改进自己的英语。他深深地爱上了一个酒吧女招待，但遭到了对方的拒绝。满腹悲伤的他在 1917 年离开了布罗肯山，一路向东，来到了新南威尔士遥远的北部海岸城市格拉夫顿，在铁路上当劳工，一直干到 1921 年，然后便回到了南澳大利亚。几个太平无事的年头过去。他因为把一块石头扔进了一家妓院的窗户而在阿德莱德监狱里呆过很短的一段时间。这之后，他动身前往墨尔本，再往北去了柏林扎克，那是新南威尔士西南部一个很小的农村社区。在那里，他在墨累河一艘轮船上当过一段时间的水手。据附近巴勒姆镇上的一份警方报告记载，他在 1927 年承认自己偷窃橘子，并被判处 10 英镑的罚金。

1929 年，他回到了柏林扎克，然后沿着马兰比吉河去了希尔斯顿，再从那里去了格里菲斯，最终在那里看到了"我的圣山"。里塞蒂此时 30 岁，已经对漫游漂泊感到厌倦。他后来回忆自己当时暗自思忖："我找到了我的伊甸园。"他作为一个漂泊者的日子就要走向终结，是时候安顿下来了。

具有讽刺意味的是，他选择生活的这个地区，几乎有三分之二的居民都声称自己有不同程度的意大利血统。尽管里塞蒂起初以为，他大概是这一地区唯一一个有意大利血统的人。他并没有因为自己已经意识到的文化孤独感而灰心丧气。他下定决心，这里就是他要生活一辈子的地方，并开始利用自己的石匠手艺改造他的环境。

从城里的垃圾堆里捡来了几把旧尖镐和一把铁锹，为避免被人发现，他在夜里和清晨干活。他以一人之力，搬走了数百吨石头和

隐士的生活

土，为的是创造出一个非同寻常的住处，最后将包括一间厨房，一个艺术画廊（据说装饰了一幅1933年的电影《金刚》的招贴画），一系列砌着石墙的花园、楼梯、了望台、水塔和栈桥。在其中一个洞穴里，有一块岩石太大，没法搬动，于是索性让它留在那里，成了一张桌子。他栽种了一些花圃，紫藤从他插在岩石里的木杆上披挂下来。接下来的23年里，他一直在自己从岩石中劈出的乌托邦里快乐地过着独居的生活。

为了保护自己不被过路人打扰，他在一排灌木丛的后面挖出了一个小圆洞。这样一来，在一些极其罕见的场合，如果碰巧有人闯入了他私密的岩石世界，他就有地方可藏了。他甚至给自己挖了一个窥视孔。然而，他的隐居生活在1935年受到了不利的影响，当时，他摔断了一条腿。一个路过的背包客发现了他，把他送到了格里菲斯医院。在那里，他被迫讲述了隐居生活的细节。尽管他与那个给他治腿伤的医生结下了友谊，并发现一些来自布罗肯山的意大利朋友也定居在这一地区，但里塞蒂还是决定继续生活在他的石洞里。这个石洞在规模和复杂程度上继续发展，最终沿着山脊延伸了800多米。尽管没有记录表明里塞蒂有什么个人宗教信仰，但古怪的是，他的隐居处在选址和背景方面都符合意大利北部的很多隐修传统；就它的整体设计，尤其是很多回填的阶地而言，意大利的文化传统也显而易见。

里塞蒂总共建造了3个主要住所，一个比一个精致复杂，他的"主洞"涉及到他的一些最有名、最宏大的作品。

在第二次世界大战爆发的时候，一切所谓的"敌国侨民"都必须到政府那里登记自己的行踪，并要求携带身份证。里塞蒂没有去登记。更有甚者，据说他用关于阿道夫·希特勒的剪报贴满了一个洞穴的部分墙壁。1942年5月，他在自己的洞穴里被逮捕，1943年的晚些时候被释放。他回到了格里菲斯，在当地一家意大利人的农场里干活。当积攒了足够的钱都时候，他在1952年回到了意大利，

第 8 章　选择孤独：世俗的隐士和遁世者

去看望他的兄弟。这时候，他已经重病在身，1952 年 11 月，里塞蒂在意大利北部去世。

瓦莱里奥·里塞蒂的"我的圣山"如今被列入新南威尔士州文化遗产名录，是澳大利亚为数不多的隐士住所之一。

汤姆·尼尔

苏沃洛夫环礁的表面面积只有 40 公顷（100 英亩），是库克群岛 15 个岛屿中最偏僻的，芬妮·范德格里夫特·奥斯朋·史蒂文森（Fanny Vandegrift Osborne Stevenson）——《金银岛》（*Treasure Island*）的作者罗伯特·路易斯·史蒂文森（Robert Louis Stevenson）的妻子——曾经把它描述为"世界上最偏僻的小岛"。尽管对于史蒂文森虚构的那座冒险之岛来说，这座小岛算不上明显的竞争者之一，但人们还是在 19 世纪中叶从岛上挖出了一个装着金银币的小箱子，并在 1876 年发现了一个装着 8 块西班牙金币的袋子，埋在一个海龟窝里。

这座小岛还吸引了美国旅行作家罗伯特·弗里斯比（Robert Frisbie）。第二次世界大战期间，他曾带着自己的 5 个孩子来到苏沃洛夫环礁，在那里呆了差不多一年。在此期间，他们遇上了几场 20 世纪最凶猛的飓风。弗里斯比后来在他的长篇小说《欲望之岛》（*Island of Desire*）中描述了他们的悲惨遭遇。接下来，又有汤姆·尼尔（Tom Neale），他比任何人都更加了解苏沃洛夫环礁。

尼尔 1902 年出生于新西兰的惠灵顿，童年时代在南岛东岸的提马鲁长大成人。1920 年，他作为一个见习工程师参加了海军，走遍了南太平洋的各个岛屿，在拉罗汤加岛与弗里斯比有过短暂的会晤，并痴迷于后者对苏沃洛夫环礁的描写。当然，尼尔早就听说过苏沃洛夫环礁，以及它巨大的潟湖——周围被一个将近 80 公里（50 英

| 隐士的生活

里）的暗礁所环绕，里面有很多小岛。他第一次亲眼见到苏沃洛夫环礁是在1945年的一次巡逻中，与居住在海岸上的看守人一起度过了几天。他后来回忆，他当时拿了一把鱼叉和一把法国制造的弯刀，下到岩石池里，里面的鱼是如此之多，以至于他几乎从不失手。他立即开始向新西兰政府提出申请，请求允许他回到那里去生活。

当他最终在1952年获得允许的时候，尼尔已经50岁，他就这样开始了作为岛上唯一居民的三个时期中的第一个时期。他独自一人生活在安克雷奇礁上，那是一个80米长的小岛，就在泻湖中心的附近。他住在一间小棚屋里，有波纹铁皮屋顶，覆盖着热带植物，他上岛第一天便把这里打扫得干干净净。这间棚屋起初是海岸观察哨的人在第二次世界大战期间修建的。在它的一侧，有一个小阳台，一端被先前的住户给围起来了，改造成了一个储藏区。拾级走进屋内，透过板条百叶窗，朝外可以看到周围郁郁葱葱的草木。尼尔描述自己的感觉有点像"私自闯入了别人的过去，这段过去如今已消失在时间的长河里，被人们遗忘"。这间棚屋那些颇有年头的地板依然完好无损。在室内，他看到有一张桌子，一把椅子，以及一个小书架。经过一个有点小的隔间，便是卧室，里面有一张木质框架床，一个床头桌，以及另一个书架。但正是阳台尽头的那间房，储藏着最大的财宝。就像霍华德·卡特（Howard Carter，译者注：发掘埃及国王图坦卡蒙陵墓的英国考古学家）的一个热带版本，尼尔无意中发现了他的藏宝处，里面的珍宝跟法老的财富不相上下：里面有园艺工具，一个用煤油驱动的冰箱，一个食品储存柜，以及一个工作台。接下来，他朝外看着远处的大海，目送着那艘把他带到这里的小船驶远了。后来他在自传中回忆，他对自己孤身一人被留在这汪洋大海中丝毫也不在意。"我觉得我似乎想知道他们是不是记得我，接下来，我不仅认识到，我根本不在乎他们是不是记得我，而且事实上，到最后，我也不在乎我是不是记得他们。"

周围有苏沃洛夫环礁提供保护，尼尔立即适应了新生活。他打

第 8 章　选择孤独：世俗的隐士和遁世者

开行囊，拿出一些陶器，铺开床垫，第一天夜晚便就着小台灯的光亮拿起了他随身带来的唯一一本书——弗里斯比的《欲望之岛》，开始阅读起来。自 1952 至 1954 年，这位现代鲁滨逊始终只有两只猫作伴。他有两箱淡水，一些鸡肉，一艘旧的海岸巡逻艇。他总是在空闲时间修补它——他称之为"跛小鸭"——还有海岸观察哨的人留下的一个菜园。他平常的食物包括鱼、龙虾、椰子和面包。对于每一个成天念叨着"想去一座荒岛上生活"的人来说，他的生活成了这一梦想的具体体现。那是一个隐士的生活，没有妥协，没有过路人的打扰，也没有修道团体提供的支持。汤姆·尼尔是名副其实的孤家寡人：

> 对我来说，这座小岛不是一次冒险，它是远远大得多的东西，它是整个生活方式。

1954 年，尼尔的背部患上了严重的关节炎，他不得不回到拉罗汤加岛，在那里得到了一份工作，给库克群岛贸易公司干活。接下来的几年里，挫折和不满成了他的典型特征，屡次试图获得许可重返苏沃洛夫环礁，但均告失败。他最终在 1960 年设法获得了许可，在苏沃洛夫环礁一直呆到了 1964 年。

毫无疑问，尼尔熟悉鲁滨逊·克鲁索的遗产。有一天，回想起鲁滨逊在岛的另一侧建造了第二间住所，好让自己能看到不同的风景，于是，尼尔决定做同样的事情。他在莫塔托环礁上建造了一间棚屋——包括一间厨房——他称之为"避暑屋"。

当他的名声越来越大的时候，尼尔开始接待朋友、熟人以及纯粹的好奇者偶尔的短暂拜访，其中至少有一次拜访是由于对他可能死亡的严重关切而导致的。在此期间，英国小说家和《每日邮报》（*Daily Mail*）记者诺埃尔·巴伯（Noel Barber）听说了他的事迹，决定采访他。他飞到了帕果帕果，包租了一艘小纵帆船带他去苏沃洛夫环礁，并带去了一箱威士忌。一些书籍和罐装食品。他与尼尔一起度过了几天，采访他。正是巴伯，最终帮助尼尔撰写他的自传：《一座自己的小岛》(An Island to Oneself)。这本自传出版于1966年，成了整个澳大利亚和新西兰的畅销书。

尼尔对自己在苏沃洛夫环礁上的生活的记述，从一个冒险故事开始，慢慢演变成了一种强有力的表现，表现了简朴生活的美德，所敲击出的和弦不仅反映了作者的心声，而且与读者产生了共鸣。《一座自己的小岛》使得尼尔很怀念他在岛上的家，他决定最后一次重返苏沃洛夫环礁。如今，整个库克群岛及之外的地方都称他是"苏沃洛夫环礁的隐士"。1967年，尼尔最后一次回到了苏沃洛夫环礁，找到了一些旅行者留给他的信息。当他不在的时候，这些人在他的隐士生活的鼓励下来到这座环礁，并生活在那里。这一次，他在苏沃洛夫环礁上逗留了10年，最后在1977年登上了一艘快艇，回到了拉罗汤加岛，在那里被诊断出了胃癌。1977年11月27日，尼尔辞别人世，享年75岁。

威拉德·麦克唐纳

> 关于奇迹，最神奇的事情是……它们有时候确实发生了。你是否认为那是真的。我认为是真的。我相信奇迹。
> ——威拉德·麦克唐纳（Willard MacDonald）

1986年，一位来自魁北克的绅士来到新斯科舍省中北部荒野里一个简陋木屋的门前。那里30年来一直是威拉德·麦克唐纳的家，他对这位上了年纪的隐士说："你怎么能过这样的生活呢？你对社会没有任何贡献！"麦克唐纳直勾勾地看着此人，答道："哦，是么？那我也没有从社会那里要求很多。"

第 8 章　选择孤独：世俗的隐士和遁世者

威拉德·希钦内尔·麦克唐纳 1916 年 8 月 13 日出生于麻萨诸塞州的萨默维尔市，父母是加拿大人，在他还是个孩子的时候，一家人就搬回了加拿大。1942 年，威拉德当兵入伍，但他不想去欧洲打仗，于是从一列正在行进中的军列上跳了下来，躲到了新斯科舍省的森林里。他究竟是什么时候在科贝奎山中建造了棚屋并决定过隐士生活，我们并无把握，尽管完全可以肯定，到 1950 年代初，他已经确立了新的生活方式，虽说加拿大政府已经在 1950 年赦免了第二次世界大战期间的所有逃兵。很有可能，恐惧和对当局的不信任促使他在山林中留了下来。

对于自己在科贝奎山中孤独地度过的那些年，麦克唐纳没有留下任何文字记录，关于他的大多数奇闻轶事都来自那些认识他的人。在一个新斯科舍人看来，他似乎从未停止过躲藏。当一个老熟人问他究竟如何在将近 60 年的时间里保持心智正常并幸存了下来，他简单地回答道："我不知道。要不了多久你就习惯了。"当地的一位猎人承认："我不知道究竟是为什么，反正每次我跟他谈话之后，我射杀的鹿比其他任何时候都要多。"他童年时代的朋友梅尔文·麦凯（Melvin MacKay）说，麦克唐纳的父亲不仅能演奏小提琴，而且还制作小提琴，麦克唐纳也学会了这些手艺。孤独的小提琴声，或他那把老吉他的和弦声，常常与科贝奎山林寂静中的鸟鸣声交相呼应。他的朋友多林（Doreen）和切斯特·库克（Chester Cook）回忆，麦克唐纳曾把他的小提琴所发出的那些极富表现力的呻吟和叹息描述为"鬼魂和瘟神"。

麦克唐纳独自一人生活在格利湖畔一间小木棚里，据那些探访过他的人描述，这间木棚屋不过是一个"小盒子"。他到达那里的消息很快就传到了厄尔镇这个很小的社群。那是一个偏僻的林区小镇，人口只有几百，差不多要步行一天才能走出茂密的森林。后来，人们开始拜访他，甚至给他拿来一些食物，尽管他从未主动请求过。麦克唐纳大约一个礼拜一次去厄尔镇，购买供应品。他不修边幅的

| 隐士的生活

外表常常吓到镇上的一些孩子，他们认为他是个疯子，而且吃松鼠。他在厄尔镇的退伍老兵那里也从来不受欢迎，他们给他贴上叛国者的标签，拒绝跟他有任何来往，因为他曾经拒绝拿起武器。

然而，麦克唐纳也有他的同情者。一小群厄尔镇的居民设法安排他接受一笔养老金；他是加拿大历史上第一个从未申请过养老金却得到了养老金的人。但这位隐士无需用钱，他拒绝接受这笔养老金。然而，这群人并没有气馁，他们最终用这笔钱给他在镇子的附近建造了一个庇护之所，尽管他以自己典型的方式，对它表现出没什么兴趣，直到 2003 年，一场大火烧毁了他的棚屋。

2001 年，风景画家马克·布伦南（Mark Brennan）对麦克唐纳作过一次拜访。布伦南是一个狂热的环保主义者，许多年来，他画过很多现代新斯科舍的乡村风景。当一条林业公路紧挨着格利湖修建的时候，布伦南心急火燎地找到麦克唐纳，跟他讨论可行的回应和对策。麦克唐纳利用这个机会为他演奏了自己手工做的吉他，向他展示了自己在窗户的木板上划下的一些图画。在布伦南看来，麦克唐纳似乎生活在一个手工制作的世界里。手工制作的吉他，手工制作的小提琴，就连帮助他挨过新斯科舍漫长而酷寒的冬天的木柴炉子也是手工制作的。威拉德·麦克唐纳从未向任何人要求过任何东西。

2003 年 11 月，麦克唐纳走到附近一个湖泊的边缘，从此再也没有回来。他是被冻死的，他的尸体躺在那里 7 个月才被人发现。今天，一个简单的白色十字架标示出了这位"格利湖隐士"去世的那个地方。

横井庄一

1944 年 6 月，当盟军在日本占领的关岛登陆时，一个名叫横井

第8章 选择孤独：世俗的隐士和遁世者

庄一（Shoichi Yokoi）的年轻新兵的生活被彻底改变了。横井出生于1915年，一直是个裁缝，直到1941年应征入伍，加入日本皇军，被派往关岛。在奉命不惜一切代价守住关岛的18 500名日本军人当中，有超过18 000人战死。横井和另外两个战士被认定已经阵亡，政府向他们的家人通报了他们的死讯。而实际上，他们设法躲过了抓捕，躲到了岛北的山里。有一段时间，他们一起挤在他们在一片竹林中挖出的一个小隧洞里。在那个想必十分拥挤的隧洞里，横井的两个同伴都死于食物中毒，留下横井成了一个实际上的隐士，就这样孤身一人生活了28年，直到1972年1月，被两个在塔洛福福河口附近照看渔网的当地农民发现。

横井过着完全凑合的生活。他的隧洞的入口只有50厘米（20英寸），用一个竹片编织的网板遮挡着。隧洞在一个山坡上，仅仅向里面挖进了3米（10英尺）多一点。里面有一个马桶，一个炉子，以及一个很小的睡觉的地方。他用旧麻袋和岛上木槿树皮的纤维，编织了一条裤子和一件短上衣，用一把他从当裁缝的时候一直保存至今的剪刀给自己剪头发。他用废弃的金属做成缝纫针，用晒干的蟾蜍皮做补丁，并手工制作了炊具。他被人逮住的时候所穿的衬衣和短裤是他几乎从无到有给自己做的。尽管他主要是在夜里出去打猎，但他的日常食物依然种类繁多、营养丰富：鹿、野猪、马铃薯、鳝，以及从塔洛福福河里捕捉到的鱼，甚至还有蜥蜴和蟾蜍。作为补充，有摘自当地土生土长的树上的水果，比如木瓜。他还定期到山涧溪流中洗澡，这帮助他保持了引人注目的健康，并使他没有滋生像虱子这样的害虫，也没有生癣。

1972年，横井庄一回到日本，他那把生锈的步枪依然在他身边，被人嘲笑为"旧日本"的化身，一个结合了勤勉、盲从和对天皇忠诚的传统主义者。他成了全国名人。酱油公司想终身给他提供自己的产品。出版商争相竞价，为的是得到他的回忆录的版权。他在巡回演讲时深受欢迎，得到了大笔的佣金，跑遍整个日本，与听众分

横井庄一是太平洋战争中的日本"坚持者"之一,当他孤身一人在关岛生活了28年之后回到日本的时候,对欢呼的人群表示感谢。

第 8 章　选择孤独：世俗的隐士和遁世者

享他非同寻常的放逐生活的细节。57 岁那年，他娶了京都一个富裕之家的女儿，安顿下来，在他的老家爱知县过着平静的生活。1997 年，横井庄一死于心脏病发作，享年 82 岁。

至于那个隧洞，曾经在漫长的 28 年里是他的家，并给最引人注目的二战幸存者之一提供了庇护之所，如今不过是一个养护糟糕的凹坑，它的确切地点只有很少人知道。

小野田宽郎

小野田宽郎（Hiroo Onoda）1922 年出生于日本的海南市，在十分机密的东京中野学校接受过反情报、搞破坏、打游击的专业训练。1944 年 12 月，他被派驻菲律宾的卢邦岛，与先行驻扎在那里的一小队日本兵会合。这个小岛距离首都马尼拉只有 125 公里（78 英里），位于民多罗海峡。他们奉命摧毁或拆除岛上的码头，以防被美国人在登陆的时候使用。然而，盟军收复了这座小岛，小野田宽郎与伍长岛田庄一（Soichi Shimada）、赤津勇一（Yuichi Akatsu）和小冢金七（Kinshichi Kozuka）一起躲到了岛的深处。这四个人将在这里遁世隐居长达 4 年。赤津在 1950 年向菲律宾军方投降，岛田在 1954 年被一支搜索队开枪打死，1972 年，小冢被当地的一位警察杀死。而小野田宽郎一直留在了卢邦岛，直至 1974 年，也就是战争结束 29 年之后。

小野在 1959 年被宣布死亡，但这并没有阻止人们去寻找他。1974 年 2 月，一个名叫铃木纪夫（Norio Suzuki）的背包客发现了小野，并和他在一起呆了一段时间，足以建立起一段短暂的友谊，并使他相信，战争确实结束了。然后，铃木带着相关照片回到了日本，要推动政府去寻找小野从前的指挥官，这些照片是必不可少的证据。小野奉命留在卢邦岛，直至得到命令才能离开，这些命令并没有撤消。

| 隐士的生活

小野从前的指挥官谷口义美（Taniguchi Yoshimi）少佐被说服飞往卢邦岛。小野走出了他的藏身之地，背着正规的背包，穿着褴褛的制服，挎着一些手榴弹、500发子弹和他的标准步枪，立正站在从前长官的面前，依然处在工作状态。谷口大声宣读了新的命令，结束了小野在卢邦岛的使命。小野田宽郎的这场漫长战争终于结束了，其中有将近30年的时间，他是在卢邦岛的丛林中，在与世隔绝中度过的。

第二天，他飞到了马尼拉，向菲律宾总统费迪南·马科斯（Ferdinand Marcos）投降，交出了自己的佩剑。总统客气地拒绝接受他交出的剑，并赦免了过去30年来他对岛上村民犯下的30桩命案和数百桩人身伤害案。当小野回到日本的时候，4000人聚集在东京国际机场，欢迎他回家。不像横井庄一（他因为害怕被俘而一直躲在自己的藏身之地），有武士精神的小野田宽郎很早就认识到，这场战争已经输掉了，但他选择留在岛上，而不是面对投降的耻辱。小野拒绝把自己的经历浪漫化，对于曾经发生在自己身上的事情，从来没有说过任何可以被描述为令人愉快或惬意的东西。他的漫长岁月都是在战斗中度过的：争取生存，避免被人发现，连续不断地跟暴雨、酷热、潮湿和昆虫搏斗，抵抗早已厌倦了被开枪射击的村民们组织的武装突袭。在拒绝了进入日本国会的请求之后，他安顿了下来，撰写自己的回忆录《决不投降：我的三十年战争》（*No Surrender: My Thirty-Year War*）。随后退隐巴西，在那里作为一个牧场主，过着平静的生活。

中村辉夫

1975年初，日本公众得知，有一个年事已高的勇士中村辉夫（Teruo Nakamura）被找到，这一次是在印度尼西亚莫罗泰岛的东部

第8章 选择孤独：世俗的隐士和遁世者

日本的"坚持者"

所谓的"日本坚持者"这个现象，提供了一个悲剧性的对隐士概念的扭曲。这个术语被用于这样一些日本士兵：他们怀疑、不知道或者由于骄傲而拒绝接受日本武装部队在1945年8月15日向盟军投降这个事实。不像典型的欧洲大陆战场，在那里，不可能怀疑一场战役的结果，而在战争快要结束的那几个月里，很多驻扎在小岛上的日本士兵被前进的盟军部队绕过去了，因为美军采取了"跳岛"进攻的战略。这一迂回战略绕过了一些日军驻守的小岛，为的是保全盟军部队，能够直扑更具战略意义、距离日本本土更近的目标。由于他们的通信被切断，这些坚持者撤退到山里，以避开搜捕。他们看到了盟军飞机空投的小册子，告诉他们战争已经结束，但他们认为，这只不过是盟军的宣传伎俩。很多人相信，在任何情况下，日本都不会投降，并决定坚守岗位，直至接到新的命令——不管要坚持多久。

日本坚持者或"掉队者"的确切数量永远不会有人知道。二战期间，在它称霸太平洋的高峰时期，日本的军旗（太阳旗）升起在太平洋5000多万平方公里的范围内数以万计的小岛上。武士道有着不允许投降的传统，这一点也在一定程度上促使数以百计形单影只、遭到抛弃的日本士兵坚守在他们的阵地上，直至换岗。

战争结束之后的那些年里，在整个亚洲和太平洋地区的小岛上被发现的数十个坚持者当中，有三个人特别引人注目，他们是：下士横井庄一、少尉小野田宽郎和列兵中村辉夫。当他们从岛上的藏身之处走出来的时候，全都登上了世界各地报纸的头版头条。他们将作为民族英雄被欢迎回到他们的祖国，媒体

隐士的生活

> 向他们欢呼致敬，宣布他们的行为无罪。但每个人都要面对自己的悲痛：死去的家人，孩子如今已人过中年，一个天皇不再是神的日本，世界的改变让他们几乎认不出来，人类已经在月球上留下了自己的足迹。
>
> 迟至1978年，日本投降33年之后，日本政府还发起了"樱花行动"，试图找出并遣返任何可能依然在东躲西藏的日本士兵。

找到的。如今，所有人都开始看出一个有点令人尴尬的情境。很多人开始想知道，究竟还有多少被遗忘的皇军士兵，散落在太平洋地区，为一个这样的政府战斗，而这个政府似乎没有能力告诉它的武装部队：他们相信还在进行的那场战争，事实上早在几十年前就已经结束了。

盟军把莫罗泰岛看作是解放菲律宾群岛的一个重要中途站，于是在1944年9月15日凌晨发起了一系列的登陆行动，打算攻占这座小岛，建立一个飞机场。盟军很快占领了小岛，不到一个月，美国工程师就建起了一个可以运转的飞机场。中村辉夫在1945年1月参与了一场敢死队式的进攻，失败后，他与一小伙幸存者一起，逃进了大山里。他们一直作为一个军事单位留在了那里，直到1956年，中村选择离开这群人，独自生活。他建起了一间茅棚，围上了栅栏。他后来声称，之所以这样做，是因为害怕他丢下的那些人试图杀死他。

不像横井和小野（他们出生就是日本人），中村辉夫是台湾土生土长的阿美族人。日本军方长期以来认为，台湾人比土生土长的日本人更适合在亚热带环境中战斗，并且，自第一次中日战争（1894~1895）之后于1898年吞并台湾以来，便训练台湾土著执行特殊作战任务和反恐怖活动。然而，中村的种族身份使得他对遣送自己回国的消息反应冷淡。他的被发现再一次把媒体的注意力集中于日本民族过去的殖民历史上，很多日本人都对此感到不舒服。

中村辉夫与世隔绝的岁月终结于1974年。当时，一架飞机正飞越莫罗泰岛的上空，飞行员碰巧看到了他的茅棚。自1956年以来，这里就一直是他的家。在日本大使的要求下，印度尼西亚空军着手搜索这座小岛。1974年12月18日，55岁的中村辉夫被找到。他赤身裸体，被古老的日本国歌和太阳旗的升起所吸引，走出了丛林，他被空运到印尼首都雅加达的一家医院。18年与世隔绝的生活，使中村丧失了与人沟通的能力，无论是用日语，还是用汉语。他回到了台湾，生活在时代之外，1979年死于肺癌。

西奥多·卡钦斯基

甚至早在芝加哥长青园高级中学读书的时候，西奥多·卡钦斯基（Theodore Kaczynski）就因为离群索居、独来独往而闻名。他不交朋友，也不参与学校的活动，总是独自一人在房间里一坐就是几个小时，追求他对数学和微分方程的迷恋和热爱。他跳过了6年级和11年级，16岁那年考入哈佛大学。1962年，他从哈佛毕业，接下来在密歇根大学获得了数学博士学位。1967年，他成了加州大学伯克利分校有史以来最年轻的数学助理教授。有着167的智商，看来整个世界似乎都在他的脚下。

但关于这个世界，有很多东西让西奥多·卡钦斯基深感困惑。他相信，政府对公民个人生活的渗透，技术和迅速发展的、不受控制的工业化，神不知鬼不觉地侵蚀了人的自由。他相信，环境正毫无必要地牺牲给经济增长的魔咒。他觉得，到了应该有人挺身而出的时候了。

| 隐士的生活

1969 年，他在没有预先通知的情况下辞去了伯克利分校的教职，两年后，在蒙大拿州林肯市外斯凯普戈特荒野的边缘建造了一间小木屋。他独来独往，林肯市的居民很快就把他称作"山中隐士"。卡钦斯基建造的小木屋 2.4×2.4 米（8×8 英尺），没有电，也没有自来水。他自学了一些生存技能，包括如何识别可以食用的植物，以及用他那支点 22 步枪猎杀鹿，甚至还猎杀豪猪。他开始安顿下来，过着自给自足的独居生活。

1978 年 5 月，卡钦斯基寄出他一系列的压敏式炸弹当中的第一颗。寄给西北大学教授巴克利·克里斯特（Buckley Crist）的炸弹在校园警官特里·马克（Terry Marker）的面前爆炸了，只造成了一些轻微的伤害。接下来的 17 年里，卡钦斯基又寄出了 16 枚邮件炸弹，给美国各地的大学和航空公司，试图让人们更清楚地认识到人权所受到的侵蚀和环境的破坏，这些都被他直截了当地归咎于工业革命，以及我们对技术的日益依赖。1979 年，当一枚炸弹被放置在美国航空 444 号航班上的时候，FBI 介入了调查，而出错的定时装置妨碍了它的爆炸。

在那段漫长的与世隔绝的时期里，卡钦斯基唯一保持联系的是一个墨西哥农场工人，他在 1988 年开始与此人通信。在写给他兄弟戴维（David）的一位老熟人胡安·桑切斯·阿雷奥拉（Juan Sanchez Areola）的一系列通信中，卡钦斯基让我们得以窥见他的隐士生活。1991 年，在一封信中，卡钦斯基描述了他如何滑倒，在一个马口铁罐头上割破了自己的脚，但他没有去看医生，而是决定自己疗伤。在另一封信里，他说自己的银行账户亏空了"大约 50 美元"，他可能不得不吃野兔。卡钦斯基有时候会在他的小木屋里呆上几个礼拜。林肯市的居民后来回忆，在他骑自行车去城里的罕见场合，他身上散发出一种木材烟的气味，而且从不与人交谈。

卡钦斯基总是写信嘲弄那些在他的炸弹爆炸中幸存下来的人，挑衅媒体来找他。正是在 1995 年 9 月《纽约时报》和《华盛顿邮

第8章 选择孤独：世俗的隐士和遁世者

1999年8月30日，在科罗拉多州佛罗伦萨市的联邦ADX萨珀马克斯监狱的会客室里，西奥多·卡钦斯基在一次采访期间坐在那里摆姿势。

报》发表的他所谓的"宣言"（详细陈述了他的观点）中，他的兄弟戴维认出了他的语言和主题，并通报给了FBI。1996年4月3日，西奥多·卡钦斯基被捕，结束了他将近20年的恐怖活动，以及25年强加给自己的与世隔绝状态。他命令他的律师，不要以精神病为由给自己辩护。1998年1月22日，他承认自己犯有谋杀罪，以及10次制作并投送炸弹。如今，他在科罗拉多州一座十分安全的监狱里服刑，他被判终身监禁，不得假释。

克里斯托弗·迈克坎德雷斯

1996年，作家乔恩·克拉考尔（Jon Krakauer）把他1993年的文章《一个清白者的死》扩充为一部畅销的非小说报道，记述了弗

| 隐士的生活

吉尼亚大学一个名叫克里斯托弗·迈克坎德雷斯（Christopher McCandless）的年轻毕业生的生活和死亡。克拉考尔的书《走进荒野》（*Into the Wild*）让他花了3年的时间去调查研究，并让他成为一个势不可挡的畅销作家。2007年，这本书被改编成电影，由西恩·潘（Sean Peen）执导，并让年轻演员埃米尔·赫斯基（Emile Hirsch）一炮走红。

1990年，从亚特兰大大学毕业之后，迈克坎德雷斯便抛弃了他富裕的中产阶级家庭，把家里供他读完大学的一笔信托基金中剩下的钱捐给了乐施会。然后，他背井离乡，开始了一段为期两年的自我发现之旅，穿越了美国，到达亚利桑那州，然后继续向南，进入墨西哥，再接下来，徒步或搭便车，一路向北，进入阿拉斯加州冰天雪地的茫茫荒野。迈克坎德雷斯是个理想主义者，有着坚定的意志，在学校里一直是优等生，并给本校的报纸撰稿。他热衷于阅读杰克·伦敦（Jack London）的小说，后者用难以置信的孤独故事启发了他的灵感，以及他对美国荒野的热爱。

迈克坎德雷斯似乎在与世隔绝中得到了真正的满足。他搭乘火车一路穿越美国西部，然后独自一人沿着内华达山脉步行前进。一度，在长达30天的时间里，他没跟任何人说话，甚至也没见到任何人。然而事实证明，在坎坷崎岖的阿拉斯加风景中，他准备得很不充分，甚至有些天真。

最后一个看到他活着的人，是当地的一个电工，名叫吉姆·加连（Jim Gallien）。他让要求搭便车的迈克坎德雷斯上了自己的车，开车把他送到了斯坦比德小路的路口。那是1930年代一条古老的采矿小路，从阿拉斯加的云杉林中穿过。那里远离最近的公路和任何既定的步行小道，迈克坎德雷斯完全与城镇及其他露营者隔绝。走到哪儿都没有一个人可以说话，他就这样步履艰难地走进了阿拉斯加荒野，没有路标，甚至也没有一个罗盘。

加连已经尽了最大的努力，劝他不要沿着斯坦比德小路徒步旅

第 8 章　选择孤独：世俗的隐士和遁世者

行。这条路大部分地段杂草丛生，而且早已废弃不用，但他的劝说是徒劳的。迈克坎德雷斯穿过冰封的河流，在他如此热爱的荒野里自力更生，距离更偏僻的德纳利国家公园的边境并不是很远。除了一大袋米之外，他几乎没有什么食物，还有一些宝贵的小装备。有少量经过精心选择的书籍，包括一本讲述这一地区的植物和灌木的书，他可以利用这本书来区别哪些植物能吃，哪些不能吃。他还有一支点 22 口径的步枪——其致命性几乎不足以提供足够的食物——他用这支步枪来猎杀松鼠和偶尔遇到的豪猪。他不知用什么办法设法杀死了一只驼鹿，但还没等他来得及学会用恰当的办法来处理，它的肉就开始腐败变质。

迈克坎德雷斯在一辆废弃的巴士上安顿了自己的家。这辆巴士曾经被阿拉斯加先驱公路计划的工人们用作穷乡僻壤的庇护之所，那是一项过于雄心勃勃的公路修建计划，1960 年代初被放弃了。这辆巴士里有一个油炉子，还配有样子接近于床的东西。但最重要是，它提供了一个遮风挡雨的地方，可以抵御严酷的气候——即使在 4 月，夜里的气温也常常低至摄氏零下 10 度。寒夜漫漫，一天只有 8 个小时的光照。

他的日记表明，迈克坎德雷斯在他所说的"神奇巴士"中度过了他生命中最后的 112 天。在巴士里度过了脱离大地、没有任何人类接触的几个月之后，他试图回到 4 月 28 日加连把他丢下的那个路口。但他发现，他再也无法跨过如今已经解冻、水流湍急的德克拉尼卡河。正如他在日记中所记述的那样："灾难。……水流汹涌。河看来无法通行。孤独。恐惧。"看来，这条正在涨水的河流彻底切断了他原路返回、重归文明的任何希望。一些批评者认为迈克坎德雷斯缺乏基本的常识，他们说，如果他费心带上一张这个地区的地图，他就会认识到，有一条手摇缆车索道横跨在这条河上，距离他试图过河的地方只有几百米。这条索道将把他带过河，几乎肯定能救他的命。一张地图还会告诉他，他距离公园大道和附近的希利镇只有

32 公里（20 英里）。

克里斯托弗·迈克坎德雷斯出生于 1968 年 2 月 12 日，他去世的时候只有 24 岁。尽管他的一生是短暂的一生，但克拉考尔的书赋予他几乎神话般的地位。在这本书出版之后的那些年里，搭便车旅行重新获得了浪漫主义色彩，数以千计的年轻人穿越美国，试图仿效迈克坎德雷斯所代表的那种发现的感觉。

然而，并非人人都如此轻易地相信了克拉考尔所讲述的故事。有些人质疑他这本冗长传记的准确性和动机，它是根据一本碎片式的日记创作而成，常常使用含糊不清的专业术语，经常用第三人称。早在他抵达阿拉斯加很久之前，这位年轻的冒险家就开始自称亚历山大·超级流浪者（Alexander Supertramp），这个名字大概取自威尔士作家 W. H. 戴维斯（W. H. Davies, 1871～1940）的长篇小说《一个超级流浪汉的自传》（*The Autobiography of a Super-Tramp*），戴维斯本人就过着流浪和漂泊的生活。迈克坎德雷斯的日记使得有人推测，他可能患上了精神分裂症，可能更多地并不是想走进荒野，而是想逃离世界，他觉得自己并不属于这个世界。几乎用不着怀疑，在他旅行之初，他是在逃离父母的过高期望，逃离自己的童年，部分程度上，其童年的典型特征是家庭虐待和一个过度控制的父亲。人们在那辆巴士里找到了他在一块胶合板上写下的一小段宣言，其中说到他正在准备一场即将到来的战斗，要跟内在自我的方方面面作斗争（"处在高潮的战斗将杀死内心的虚假存在"），尽管这里提到的可能只是他要消除内心中最后残存的对外部世界的依恋。

1992 年 9 月初，一些打驼鹿的猎人在那个被废弃的小巴士里的睡袋里发现了他腐烂的尸体。其重量只有 30 公斤（67 磅）。他的死长期以来一直是一个颇有争议的问题。他的死亡证明声称，他死于饥饿，尽管后来的一些理论暗示，他可能吃了已经变质的野马铃薯，甚或是有毒的生物碱，这使得他很难消化所吃的食物。不管他的死因是什么，他所提供的这个引人注目的、开创先例的拒绝社会的样本，加上他毫不妥协的对荒野的真诚拥抱，继续令人痴迷，鼓舞人心，让人神秘莫测。

史蒂芬·格伦顿

这个世界有很多十分普通的人，选择生活在与世隔绝中。他们想要的，不过是让他们一个人呆着，在社会窥探性的目光之外，按照自己的意愿生活。大多数隐士都设法做到了这一点，而没有引起任何人的注意。然而，也有这样一些人，他们的生活如此不正统，以至于媒体和其他所有人都忍不住对自己所看到的产生了强烈的兴趣。史蒂芬·格伦顿（Stephen Grendon）便是这样一个人。

史蒂芬·格伦顿 1965 年出生于英国的格洛斯特郡，自 1994 年起，他便在偏僻的科茨沃尔德河谷过着现代隐士的生活。这个从前的电视童星，如今独自生活在一间石头、木料和波纹铁皮搭建的棚屋里，靠着布林普斯菲尔德公地上三分之一英亩（900 平方米）土地为生。有人给这个地方取了一个绰号，叫"隐士角"。具有讽刺意味的是，格伦顿想要的，不过是让他一个人呆着，却在某种程度上成了全国名人。他为了住在非正统的房子里，过一种自足而独立的生活而不得不战斗，一路把官司打到了伦敦的高等法院。

格伦顿对他所说的"简单生活"的兴趣，从他还是个孩子的时候就开始了。他成长于一个传统的中产阶级家庭，家里自己种植蔬菜。在当过一段时期的电视童星之后，他便上了一所园艺大学，然后结婚成家，有了两个孩子。然而，1990 年代初，极度的抑郁和愤怒情绪开始发作，1994 年，他离开了家庭，从科茨沃尔德一位熟人那里购买了三分之一英亩土地，试图以自己的非传统方法治疗抑郁症。这种方法就是过一种与世隔绝的孤独生活，有朝一日，这种生活将导致他被人称作"科茨沃尔德的隐士"。

宅男：日本都市隐士现象

日本政府把宅男（hikikomori）定义为这样一些个人：他们大多是学龄男性，弃学回家，足不出户，完全脱离朋友和社会，持续时间从几个月到（在罕见的情况下）几十年。有人估计，这种状况影响了多达100万日本人，他们被日本社会强加给他们的压力所淹没，再加上等级制度和过多的社会期望，以及国家模式（这意味着要把他们从青春期带向成年）与一个稳定而多产的未来之间那漏洞百出的裂隙。

对于有些宅男来说，唯一的解决办法就是离开日本，生活在一个管制不那么严格的社会。在这样的社会里，他们可以放松，做真正的自己，并重新发现一种目标感，而日本后工业时代的单一文化似乎拒绝承认这种目标感。

宅男在日本比在西方更常见，这是因为日本社会的过高预期，再加上这样一种文化：当一个孩子决定不上学时，权威部门通常不加干涉，而传统上父母也会做出消极的反应。但是，这一现象并不局限于日本。在香港，根据香港基督教服务处对中学生所作的一项调查估计，有超过18 000个年轻人，或者说2%的香港年轻人，患有极其严重的社交恐惧症。他们在自己家里过着几乎是隐士般的生活，没有能力应对社会的要求，以及家人和同时代人对他们的预期。

宅男把时间花在了阅读、听音乐及其他室内活动上。友谊变得很难维持。这些年轻人的与世隔绝，最后发展成了顽固地拒绝参与社会，他们常常依靠父母给他们寄来每天的饮食，维持他们孤独的生活方式。很多人选择仅仅在夜里离开他们的家。卧室很快就成了他们的城堡，是他们唯一觉得有点自治权的地方。

第 8 章 选择孤独：世俗的隐士和遁世者

2004年，科茨沃尔德区议会命令格伦顿离开他的家，因为它没有被归类为"居住建筑"。于是，格伦顿上诉到了高等法院，高等法院维持了区议会的裁决。然而，2008年12月，格伦顿再次出现在科茨沃尔德区议会的面前，坚持认为自己的家是"低冲击性"住所，要求议员们把他的请求作为"例外情况"来考虑。区议会以7票赞成6票反对的投票结果，允许他继续留在"隐士角"，安度余生。格伦顿，他的辩护律师，以及投票支持他的7位议员，都对这次胜利额手称庆，视之为个人自由的胜利，是一个十分罕见的实例：政府官僚居然投票支持个人过一种与世隔绝的非传统生活的权利，而忽略了诸如缺乏自来水、没有浴室和厕所以及可能对健康造成的不良后果这样一些事情，投票允许在20世纪过一种隐士生活。用来自特德伯里的议员彼得·马丁（Peter Martin）的话说："史蒂芬·格伦顿是一个安静的人，想在科茨沃尔德的一个安静的角落过一种安静的生活。这难道有什么问题吗？"

史蒂芬·格伦顿的生活尽管是一种与世隔绝的生活，但几乎没有摆脱辛苦的劳作。他花了大量时间，给集中在他狭小王国里的数百种昆虫、鸟类和蜗牛编制目录，其中有很多还画了草图。人们偶尔会看到他骑自行车去附近的切尔滕纳姆镇，购买论述昆虫的书籍。他计划用自己的水磨发电，用来自附近山泉里的水种植蔬菜。在科茨沃尔德寒冷的冬天，他用木柴烧火取暖——在他的这块保留地里，储存了大量的木柴——很方便地被各种结满果实的植物所环绕：黑穗醋栗、草莓和悬钩子。他焖制鹅莓，附近甚至有一棵樱桃树。一道干砌石墙如今延展过了他的前门通道，为他抵挡过路行人的注意。这个曾经说自己总是"喜欢贴近地面的感觉"的人，似乎完全可以实现自己的愿望。

然而，他并不觉得一定要过一种没有他人陪伴的生活。他定期接待来访者，其方式跟5世纪和6世纪的早期隐士们的方式并无不同，后者总是选择生活在贸易通道或朝圣通道的附近。在一个越来

| 隐士的生活

越强烈地意识到个人"碳足迹"的时代,格伦顿相信,他的生活方式不应该被看作是榨干社会,而应该视为眺望未来的窗口,是一种需求甚少的、可持续的生活方式,以"低冲击"住处为典型特征。这就是他为之倾注热情的东西,尤其是考虑到他最近的法律胜利。格伦顿总是乐于跟人们谈论他的隐士生活的优点,以此挑战公众的观念:究竟是什么造就了一个隐士。他乐于提醒那些可能找到他的人:希腊神赫耳墨斯(隐士这个单词就源自他的名字)是交流沟通之神,而不是与世隔绝之神。

参考书目

Acker, William (trans.), *Tao the Hermit: Sixty Poems of Tao Chien (365-427)*, Thames & Hudson, 1952

Alfeyev, Hilarion, *Saint Symeon, the New Theologian, and Orthodox Tradition*, Oxford University Press, 2006

Allison, Anne, *Millennial Monsters: Japanese Toys and the Global Imagination*, University of California Press, 2006

Aumann, Jordan, *Christian Spirituality in the Catholic Tradition*, Continuum International Publishers, 1985

Baxter, Joan, *Hermit of Gully Lake: The Life & Times of Willard Kitchener MacDonald*, Pottersfield Press, 2006

Bottomley, Frank (trans.), 'Thomas Parkinson: The Hermit of Thirsk', *The Historian*, vol. 74, 2002, pp. 11-16

Brown, Kendall, *The Politics of Reclusion: Painting and Power in Momoyama Japan*, University of Hawaii Press, 1997

Cashen, Richard, *Solitude in the Thought of Thomas Merton*, Cistercian Publications, 1981

Doel, Deborah van (trans.), *Stephen of Muret: Maxims*, Cistercian Publications, 2002

Dunn, Marilyn, *The Emergence of Monasticism: From the Desert Fathers to the Early Middle Age*, Blackwell Publishing, 2003

Elenjimittan, Anthony, *Monasticisms: Christian and Hindu-Buddhist*, Aquinas Publications, 1969

Fowler, Raymond, 'Howard Hughes: A psychological autopsy', *Psychology Today*, vol. 20 (5), 1987, pp. 22-31

Glendinning, Lee, 'When is home not a home? When it's Hermit's Corner', *The Guardian*, 15 July 2006

Goehring, James E., *Ascetics, Society, and the Desert: Studies in Early Egyptian Monasticism*, Trinity Press International, 1999

Habeggar, Alfred, *The Life of Emily Dickinson*, Yale University Press, 1960

Hinton, David (trans.), *The Selected Poems of Tao Chien*, Copper Canyon Press, 1993

Hirota, Dennis (trans.), *No Abode: the Record of Ippen*, University of Hawaii Press, 1997

Hodson, Leighton, *Marcel Proust*, Routledge, 1997

Hung, William, *Tu Fu: China's Greatest Poet*, Harvard University Press, 1952

'Japan: Hiroo worship', *Time Magazine*, 25 March 1974

'Japan: The last shldier', *Time Magazine*, 7 February 1972

'Japan: The last, last shldier?', *Time Magazine*, 13 January 1975

Krakauer, Jon, *Into the Wild*, Knopf Doubleday, 1997

Kraske, Robert, *Marooned: The Strange but True Adventures of Alexander Selkirk, the Real Robinson Crusoe*, Houghton Mifflin Harcourt Trad, 2005

Leland, Elizabeth, *The Vanishing Coast*, John F. Blair Publisher, 1996

Lhalntosh, Lobsang, *The Life of Milarepa*, Viking-Penguin, 1995

McIntosh, Christopher, *The Swan King: Ludwig II of Bavaria*, I B Taurus

& Company, 2003

Merton, Thomas, *The Seven Storey Mountain*, Harvest Books, 1999

Miller, Richard, *Writing at the End of the World*, University of Pittsburgh Press, 2005

Mulder-Bakker, Anneke, *Lives of Anchoresses: The Rise of the Urban Recluse in Medieval Europe*, University of Pennsylvania Press, 2005

Porter, Bill, *The Zen Works of Stonehouse: Poems & Talks of a Fourteenth Century Chinese Hermit*, Mercury House, 1999

Porter, Bill (Red Pine) (trans.), The Collected Songs of Cold Mountain, Copper Canyon Press, Washington, 2000

Porter, Darwin, *Howard Hughes: Hell's Angel*, Blood Moon Productions, 2005

Prideaux, Sue, *Edvard Munch: Behind The Scream*, Yale Unicersity Press, 2007

Push Back Production, *Willard: The Hermit of Gully Lake*, documentary feature film, 2007

Reichhold, Jane (trans.), *Rasho: The Complete Haiku*, Kodansha International, 2008

Schaeffer, Kurtis, *Himalayan Hermitess: The Life of a Tibetan Buddhist Nun*, Oxford University Press, 2004

Sherwonit, Bill, Andromeda Romano-Lax and Ellen Bielawski, *Alaska: True Stories*, Traveler's Tales Incorporated, 2003

Simmons, James, Castaway in Paradise: *The Incredible Adventures of True-Life Robinson Crusoes*, Sheridan House Incorporated, 1998

Simply Haiku: A Quarterly Journal of Japanese Short Form Poetry, vol. 3 no. 4, winter 2005 and vol. 4 no. 2, summer 2006

Stevens, John (trans.), *Dewdrops on a Lotus Leaf: Zen Poems of Ryokan*, Shambhala, 2003

Troubetzkoy, Alexis, *Imperial Legend: The Mysterious Disppearance of*

Tsar Alexander I, Arcade Publishing, 2002

Trumbull, Henry, *Life & Adventures of Robert, the Hermit of Massachusetts*, 1829

Vogue, Adalbert de, *Saint Benedict: The Man & His Work*, St Bede's Publications, 2006

Wada, Yoko, *A Companion to Ancrene Wisse*, Boydell & Brewer, 2002

Waits, Chris & Dave Shors, *Unabomber: The Secret Life of Ted Kaczynski: His 25 Years in Montana*, Farcountry Press, 1999

Warren, Ann, *Anchorites and their Patrons in Medieval England*, University of California Press, 1985

Watson, Burton (trans.), *Saigyo: Poems of a Mountain Home*, Columbia University Press, New York, 1991

Watson, Burton (trans.), *Four Huts: Asian Writings on the Simple Life*, Shambhala, Boston, 2002

Weaver, Charles, *The Hermit in English Literature from the Beginnings to 1660*, George Peabody College for Teachers, 1924

Weber, Miles, *Consuming Silences: How We Read Authors Who Don't Publish*, University of Georgia Press, 2005

图书在版编目(CIP)数据

隐士的生活 /(澳)斯通著;秦传安译.
—北京:中央编译出版社,2012.7
ISBN 978-7-5117-0327-9

Ⅰ.①隐…
Ⅱ.①斯… ②秦…
Ⅲ.①人物研究-世界
Ⅳ.①K811

中国版本图书馆 CIP 数据核字(2012)第 108195 号

隐士的生活

责任编辑	曲建文
责任印制	尹 珺
出版发行	中央编译出版社
地　　址	北京西城区车公庄大街乙 5 号鸿儒大厦 B 座(100044)
电　　话	(010)52612345(总编室)　　(010)52612370(编辑室)
	(010)66161011(团购部)　　(010)52612332(网络销售)
	(010)66130345(发行部)　　(010)66509618(读者服务部)
网　　址	www.cctphome.com
经　　销	全国新华书店
印　　刷	北京中印联印务有限公司
开　　本	787 毫米×960 毫米　1/16
字　　数	211 千字
印　　张	16.5
版　　次	2012 年 7 月第 1 版第 1 次印刷
定　　价	38.00 元

凡有印装质量问题,本社负责调换,电话:(010)66509618